교사를 위한
학부모상담 길잡이

| 김혜숙 · 최동옥 공저 |

PARENT COUNSELING

학지사

최근 들어 학생이나 학부모가 교사에게 폭언과 폭행을 가하였다는 보도가 부쩍 많아진 듯하다. "교사의 인권은 어디 있나?"라며 분개하는 교사들을 만날 때나, "아이들에게 잘해 주려고 이것저것 시도하면 공연히 학부모들과 부딪힐 가능성만 높아지니까 차라리 정해진 수업시간이나 채우면서 가만히 지내는 것이 낫다."는 푸념을 하는 교사들을 만날 때마다, 초등교사와 예비교사를 가르치는 사람으로서 걱정과 안타까움이 앞서곤 하였다.

우리 삶 속에서 일어나는 많은 경험 중 적어도 일부는 불편하고 힘들 거라는 점을 누구나 알고 있다. 그러나 우리는 자신이 많은 의미를 부여하는 중요한 인물들과의 관계에서 불편한 경험이 일어나면 더 오래, 더 깊이 힘들어한다. 그러한 경험이 우리 자신의 정체성과 자긍심에 더 큰 영향을 주기 때문이다. 이와 마찬가지로 아동과 학부모들이 교사를 어떤 사람으로 보며 어떻게 대하는지는 교사의 정체성과 자긍심에 큰 영향을 주므로, 학부모와의 관계가 불편하면 그만큼 교사가 힘들어하는 것이다.

이러한 어려움을 알기에 학부모상담자로서의 교사 역할에 초점을 맞추어 최대한 교사에게 도움이 될 만한 내용을 이 책에 담고자 했다. 물론 교사 역할에 학부모상담자 역할만 있는 것은 아니다. 이 책에 제시한 대로 하기만 하면 모든 학부모와의 관계가 원만해지고 아동교육이 항상 순조롭게 된다는 보장도 없다. 다만 좀 더 긍정적이고 좀 더 효과적인 방향으로 옮겨 갈 수 있으리라 기대한다.

이 책은 T-멘토링 총서 중 하나로 기획된 『초등교사를 위한 학부모상담 길잡이』를 근간으로 하여 재정리된 것으로, 현장교사들과 예비교사들이 학부모들과의 관계에서 겪을 수 있는 문제를 보다 잘 해결하고 예방하는 데 도움이 되고자 하였다. 기존의 책이 초등교사에 초점을 맞추어 출간되었음에도, 이 책을 접한 많은 중등교사들까지 학부모상담에 자신감이 늘었다는 긍정적인 피드백을 주어 참 반갑고 고마웠다. 여기에서 더 나아가 아동교육을 위한 교사와 학부모의 협조적 태도도 향상될 것을 희망해 본다.

T-멘토링 총서에 포함되었을 때와 비교하여 기본적인 내용은 크게 달라지지 않아 초등교사에 초점을 맞춘 내용이 많지만, 중등교사들에게도 좋은 반응을 얻었으므로 학부모상담을 고민하는 교사라면 이 책이 분명 도움이 되리라 생각한다.

이 책에 제시된 학부모 유형은 교사를 힘들게 하는 경우만 포함되었다는 것을 잊지 말기 바란다. 다시 말해, 우리 교육현장에 훌륭한 교사들이 많다는 것과 교사들에게 존중과 감사의 마음을 가진 학부모들도 많다는 것을 기억하기 바란다.

2013년
저자대표 김혜숙

차 례

제3장

학부모 유형별 상담접근의 실제 / 75

부록 / 191

제1장
들어가는 말

여기에서는 교사가 학부모상담자로서의 역할을 하는 것이 중요함을 강조하는 이 책의 기본적 입장 및 이 책에 제시된 학부모상담의 유형들이 선정된 배경과 과정 등에 대하여 간단히 소개한다. 책 전체의 구성과 장별 내용 및 활용방법에 대해서도 제시한다.

제1장

들어가는 말

 ## 1. 학부모상담의 중요성

교사는 아동의 학습지도와 생활지도를 책임지는 전문가로서, 하는 일의 종류가 무척이나 다양하다. 겉으로는 교사들마다 비슷한 방식으로 매시간 수업을 진행하고 아동의 생활지도를 하는 것으로 보일 수 있지만, 교사가 학습지도와 생활지도를 위해서 어떤 역할들에 중점을 두고, 그런 역할들을 잘 해내기 위해서 어떤 노력을 쏟으며 어떤 방식으로 구체적으로 접근하는지에 따라서 엄청나게 다른 교육이 이루어지고 있다.

효과적인 아동교육을 위한 많은 역할 중에서, 학부모상담자로서의 역할은 별로 반기지 않는 교사들이 많다. 특히 경력이 짧거나 연령이 낮은 교사들 중에, 아동을 잘 지도하기 위해서 교재연구와 교구개발도 열성적으로 하고 아동의 학습지도와 생활지도에도 헌신적으로 노력하지만 학부모를 상담하는 것은 극히 부담스러워하고 피하고 싶어하는 경우가 꽤 많은 듯하다.

요즘의 초임교사들은 예전에 비해 더욱 훌륭한 학습지도 능력을 갖추고 있어서, 초임시절에도 학습지도에는 별 곤란을 겪지 않는다는 것이 일반적이다. 경력이 많을수록 학습지도의 능숙도도 더욱 높아진다. 아동의 생활지도는 학습지도에 비해서는 어렵다고 느끼는 경향이 강하지만, 그래도 아동을 직접 대하는 생활지도나 상담에는 나름대로 준비가 되어 있다고 여기는 경우도 많다. 혹은 전문적 상담자로서의 능력이 갖추어져 있지 않다고 느끼는 교사라도, 아동에 대한 관심과 사랑으로 노력해 보고자 하는 의지에 힘입어 아동상담을 진행하는 경우를 흔히 볼 수 있다. 그러나 학부모는 초임시절에도 매우 불편하고 껄끄러운 존재로 여겨지고, 경력이 많아지더라도 여전히 학부모상담은 힘들다고 여기는 교사들이 많다.

한 가지 분명한 것은, 좋든 싫든 학부모는 아동의 보호자로서 아동교육에 관여할 수밖에 없고, 교사와 아동교육을 함께 해 나가야 하는 존재라는 점을 교사는 받아들일 수밖에 없다는 점이다. 학부모는 가정에서의 아동지도에만 관여하고 학교에서의 아동지도는 전적으로 교사에게 맡기기를 기대하는 교사도 일부 있지만, 그러한 기대는 비현실적이며 또한 교육적으로 효과적이지도 못하다. 가정에서의 교육과 학교에서의 교육은 긴밀하게 얽혀 있어 확연히 구분될 수 없고 서로 영향을 주고받기 때문이다.

그러니 아동교육을 위해서 적어도 한 해 동안 어차피 함께 갈 수밖에 없는 존재라면, 학부모를 아동교육의 중요한 부분으로 생각하고 학부모상담자로서의 역할을 교사가 적극적으로 해 내는 것이 현명한 일임을 이 책의 기본 가정으로 삼는다. 학부모와 교사가 아동교육을 위해 서로 협조적 관계를 잘 유지하면 아동교육의 효과가 극대화되는 반면, 학부모와 교사의 협조가 잘 이루어지지 않으면 오히려 학부모가 아동교육에 심각한 방해요인이 될 수 있기 때문이다.

학부모가 아동교육에 도움이 되지 않거나 심지어 방해가 되는 경우, 교사가 학부모 탓만을 하고 있을 수도 없고 교사의 책임이 면해지지도 않는다. 그러니 적극적으로는 아동교육의 효과를 극대화하기 위해서, 또 소극적으로는 아동교육의 방해요인이 발생하지 않도록 하기 위해서라도 교사는 학부모상담자의 역할을 중요하게 여기고 적극적으로 수행해야 한다.

 ## 2. 현장교사들의 경험에 근거한 학부모 유형 분류

저자들은 이 책을 집필하기 위한 준비로 초등현장에 있는 다양한 경력의 남녀교사들을 대상으로 교사를 힘들게 하는 학부모들을 만난 경험들을 조사하였다. 모든 인간관계가 상호작용적인 측면이 있는 것처럼 교사와 학부모의 관계도 서로 영향을 주고받지만, 특별히 교사들을 힘들게 하는 학부모 유형이 있다는 가정하에 교사들의 경험담을 모았다.

조사대상인 초등현장교사들은 경력 1년 이내의 초임교사들로부터 경력 20년 이상의 중진교사들까지 경력 면에서도 다양한 분포를 보였으며, 근무하는 학교가 위치한 지역사회의 사회경제적 특성도 다양하게 분포하였다. 초등교사의 성비에서 여교사가 많은 것과 마찬가지로, 경험담을 제공한 교사들도 여교사가 많았으나 남교사도 상당수 포함되었다.

경험담을 이끌어 내기 위해서, 응답자인 교사 자신이 최근에 학부모 때문에 힘들었던 직접적인 경험이 있거나 주변 교사를 힘들게 했던 학부모를 관찰한 적이 있으면 자세히 써 달라고 요청하여 자유응답식으로 기술하도록 하였다. 질문지를 받은 130여 명의 교사들 중 한 사람만 최근에 그런 경우가 없다고 응답하고 나머지는 모두 한두 사례를 자세히 기술한 것으로 보아, 대부분의 교사들이 학부모 때문에 적어도 가끔씩은 힘들어한다는 것을 알 수 있었다.

각 경험담의 내용을 분석한 후, 비슷한 유형별로 모아서 정리하고 빈도가 높은 순으로 선정하였다. 그 결과에 기초하여, 다음의 유형에 맞는 학부모상담 접근방법을 제시하였다.

① 자녀의 잘못이나 상태를 인정하지 않고 불쾌하게 여기거나, 교사가 아동을 미워한다고 여기는 학부모

② 교사나 학교에 대해 불신하고 부정적인 태도를 보이거나, 교사에게 지나친 간섭과 요구를 하는 학부모

③ 교사에게 반말, 폭언, 협박을 하거나 난동을 부리고, 수시로 전화해서 교사의 업무를 방해하거나 무리한 요구를 하는 학부모

④ 자녀를 제대로 돌보지 않고 방치하거나 무관심한 학부모 및 교사와의 전화나 상담을 회피하는 학부모

⑤ 특수교육이나 치료가 필요하다는 것을 인정하지 않고 전문상담기관 등을 교사가 권유하면 기분 나빠하는 학부모 및 특수반 입급을 거부하는 학부모

⑥ 자녀를 과잉보호하거나 자녀를 위해 교사에게 거짓말까지 하는 등 지나친 간섭과 집착을 보이는 학부모 및 스스로 완벽하다고 믿는

학부모

⑦ 정신적 질환이나 알코올중독 및 정신지체 등이 있어서 자녀를 제대로 돌보지 못하는 학부모

⑧ 자녀를 훈육·지도하는 능력이나 권위가 없고 교사에게 모두 미루는 학부모

⑨ 교사에게 과다한 선물이나 촌지를 제공하고 이를 거절하면 불쾌해하는 학부모

⑩ 동료교사인 학부모

⑪ 학교보다 학원 등 사교육을 더 중시하며 교사의 권위를 존중하지 않는 학부모

⑫ 교사의 사생활을 간섭하거나 지나치게 친근하게 행동하는 학부모

 ## 3. 이 책의 구성과 활용방법

이어서 제시되는 제2장은 교사가 학부모를 상담하고자 할 때 기본적으로 유념하여야 할 일반적이고 기본적인 원리들을 설명하고 있다. 이러한 원리들은 학부모의 특정 유형에 국한되지 않고 광범위하게 적용되는 원리들이므로, 제2장에 포함된 전체 내용들은 제3장의 구체적 접근방안을 읽기 전에 미리 숙지하는 것이 바람직하다.

제2장의 내용 중 일부는 교사가 학부모를 만나서 상담을 하기 이전의 준비라고 할 수 있는 것으로, 아동지도 전반과 학부모와의 전반적 관계에서 갖추어야 할 사항들도 포함하고 있다. 따라서 당장 학부모상담을

해야 할 사안이 생기기 이전에 미리 숙지해 두면 학부모상담의 특정한 상황뿐만 아니라, 아동교육 전반에도 상당한 도움이 될 수 있을 것으로 기대한다.

제3장은 교육 현장에서 교사들이 힘들어하는 12가지 학부모 유형, 유형별로 특별히 유의할 사항, 상담목표 및 구체적 상담접근방안을 매뉴얼 형식으로 제시하고 있다. 제2장에서 기본적 원리들을 충분히 숙지한 다음에는, 교사가 상담을 하게 되는 학부모의 특성과 상황에 가장 가까운 유형을 제3장에서 참조하면 된다. 제2장과 제3장 모두 상담에 대한 전문적인 지식이 없는 교사들도 충분히 이해할 수 있는 내용들로 구성되어 있다.

제2장
학부모상담의 원리

이 장에서는 아동의 문제를 해결 및 예방하고 성장을 돕기 위하여 학부모를 상담하는 과정에서 기본이 되는 원리들을 제시한다. 이러한 원리들은 다음 장에 제시되는 유형별·상황별 학부모상담에서 구체적 접근의 바탕이 되는 것이라 하겠다. 학부모상담의 목적, 관련 아동의 특성 및 문제 상황, 학부모의 특성과 유형, 교사와 아동 및 학부모의 관계 등에 따라서 각 상담원리의 상대적 중요성과 구체적 적용방법은 달라질 수 있으나, 이러한 원리들은 교사가 학부모상담을 준비하고 진행하는 과정에서 중요하게 고려되어야 할 것이다.

제2장

학부모상담의 원리

1. 학부모와 교사는 아동의 성장을 위해서 함께 노력해야 할 동료이며 한팀이다

　학부모상담의 목적은 아동을 돕기 위한 것이다. 아동에게 문제가 있으면 그 문제를 해결하고, 혹시 문제가 발생할 가능성이 있으면 그 문제를 미리 예방하고, 아동마다 고유하게 지닌 잠재력을 잘 찾아내 최대한 발현시킬 수 있도록 돕기 위해서 학부모와 교사가 함께 노력하는 것이다.

　이러한 목적을 위한 학부모와 교사의 노력은 공동으로 이루는 협조적인 팀워크이지, 어느 한쪽에 주된 책임이 있고 다른 한쪽은 보조적으로 도와주는 것이 아니다. "아이를 학교에 맡겨 놓고는 부모가 고맙다는 인사도 않는다."라는 말을 하는 교사가 가끔 있는데, 이는 아동교육의 주된 책임은 부모에게 있고 교사는 그 부모의 책임을 덜어 주고 도와주는 사람이라는 생각을 내포한다. 물론 부모는 아동의 출생 시부터 적어도 성인이 될 때까지 장기간에 걸쳐서 아동교육의 책임을 진 일차적 인물이다. 부모가 아동교육에 책임이 있는 그 긴 기간에 비하면 교사가 아동을 담임하는 1년은 짧은 시간이겠지만, 그 기간 동안 교사는 아동의 학교교육을 책임진 사람이다.

이러한 교사의 역할은 아동교육에 대한 부모의 책임을 대신해 주거나 보조하는 것이 아니다. 교사와 부모는 각각 아동교육의 중대한 책임을 공유하는 팀이 되어야 한다. 아동을 담임하는 1년 동안 한시적으로 지는 책임이며, 또 다른 아동들을 담임하는 새 학년이 되면 다른 아동들에게로 교사의 그 책임이 옮겨 간다고 해서 교사가 아동교육에 관해 가지는 책임이 부모의 책임에 비해서 부수적이거나 보조적인 것은 전혀 아니다. 즉, 교사와 부모는 공동의 목적을 위해서 함께 노력하는 대등한 관계에 있는 동료이며 하나의 팀이다.

🌿 부모를 아동교육의 전문가로서 존중하는 태도를 견지하라

공동의 목표를 향하여 함께 노력하는 팀이 성공적으로 기능하려면 팀원들이 서로 존중하여야 한다. 부모는 아동에게 가장 오랫동안 관심을 가져 왔고 아동을 교육해 온, 개별아동의 특수성과 역사에 가장 밝은 전문가다. 많은 경우 부모의 그러한 전문성은 자녀라는 한두 아동에게 국한된 전문성이기는 하지만, 해당 아동과 관련해서는 극히 중요한 전문가임에 틀림없다. 교육에 대한 학문적 훈련과 다양한 아동교육의 경험으로부터 만들어진 교사의 폭넓은 전문성이 부모의 이런 특수적 · 집중적 전문성과 만날 때 훌륭한 새 팀이 이루어지는 것이다.

교육은 앞날을 향해서 이루어지는 활동이지만, 교육 대상인 아동은 역사를 지닌 존재이며, 그 역사는 성인에 비해 비록 짧아 보일지 모르나 아동에게 크나큰 영향을 미친다. 아동의 역사에 대한 전문가는 부모다. 자녀의 삶에서 중요했던 사건들과 의미 있는 경험들이 무엇이며 그러한 사건과 경험들이 자녀에게 어떤 영향을 미쳤는지, 자녀가 좋아하고 싫어하는 것은 무엇이며, 잘하는 것과 못하는 것은 무엇인지, 어떤 방식으로 지도할 때 자녀가 가장 잘 반응하는지, 어떤 훈육방식은 효과가 없었는지, 자녀와 부모의 관계는 어떠하며 자녀의 형제관계 및 친구관계는 현재 어떠하며 이전에는 어떠했는지 등등에 관해서는 대부분의 경우 부모가 가장 전문가다.

자녀가 장차 어떤 삶을 살았으면 좋겠는지를 가장 오랫동안 생각해 왔고 또 앞으로도 많이 생각하고 고민할 사람도 부모다. 또한 자녀의 장래를 위해서 현재 어떻게 생활해야 하는지에 대해서 가장 많은 관심을 가진 사람도 부모이며, 자녀를 가장 사랑하며 자녀가 가장 사랑받고 인정받기를 원하는 대상도 부모다. 즉, 부모는 자녀의 과거뿐만 아니라 현재와 미래에 지대한 영향을 미치는 중요 인물인 것이다.

이러한 부모의 깊은 관심과 전문성을 교사가 접할 수 있는 경우와 그렇지 못한 경우를 비교해 보면, 어느 쪽이 보다 효과적 교육이 가능할지는 자명하다. 교사가 개별아동에 대해서 잘 알면 알수록, 그 아동에 대한 교육은 더욱 효과적일 수 있다. 그러니 개별아동에 대한 전문가인 부모의 전문성을 활용하지 않을 이유가 없으며, 교사는 부모를 개별아동에 대한 전문가로 존중하는 태도로 대해야 하는 것이다.

물론 어떤 부모는 자녀에 대해서 정말 잘 모르는 것처럼 보이기도 하며, 자녀 자체나 자녀교육에 관심조차 없어 보이는 부모들도 있다. 또 어떤 부모는 자기 자녀에게만 국한된 교육을 하다 보니 교육의 방향이 어긋나 있는 것처럼 보이기도 한다. 그렇게 보이더라도 그 부모도 아동교육을 위해 여전히 교사와 한 팀을 이루고 있는 팀원이고, 다른 팀원인 교사로부터 존중을 받을 자격이 있다. 또한 부모가 자기 자녀에 대해서 관심이 없어 보이거나 자녀교육에 대한 지식이 극히 부족해 보이거나 혹은 잘못된 방향으로 자녀교육을 생각하고 있다면, 나름대로 이유와 배경이 있기 마련이므로 교사가 섣불리 판단하거나 무시하는 태도를 가져서는 안 된다.

오히려 교사의 상담능력을 활용해 부모를 보다 더 깊이 이해하여 자녀교육을 위한 부모의 제자리를 찾도록 도와주어야 한다. 팀원이 제 기능을 못한다고 그 팀원을 무시하는 것이 아니라, 그 팀원을 이해하고 북돋아서 제 기능을 할 수 있도록 도와줄 필요가 있다. 현실적으로, 싫든 좋든 혹은 유능하든 무능하든 간에, 부모는 아동교육에서 배제해 버릴 수 없는 팀원이니 더욱 그러하다. 그뿐 아니라, 부모는 아동교육에서 교사에게 가장 강력한 방해꾼이 될 수도 있다. 그러니 차라리 가장 강력한 협조자가 되도록 존중하고 돕는 것이 더 낫다.

🌿 부모가 교사에게 합당한 존중의 태도를 유지하게 하라

팀원들이 서로 존중해야 그 팀의 목적이 잘 달성된다는 것은 부모와 교사에게 양방향으로 다 적용되는 원리다. 즉, 교사는 부모를 존중해야 하지만, 부모도 역시 교사를 존중해야 한다. 교사의 나이가 부모에 비해 적거나, 교사의 경력이 짧더라도 교사는 학교교육의 전문가로서 부모의 존중을 받을 자격이 있다. 가장 기본적으로는, 우리나라에서 교사는 적어도 교육대학이나 사범대학 4년의 교육과정을 이수했고 교원자격증을 취득하였으며 임용고사를 통과하여 학교교육을 담당할 수 있는 자격을 부여받은 사람들이다. 각 교과별로 교육내용 및 방법에 대한 전문적 지식을 갖추고 있으며, 아동의 생활지도에 대한 지식 및 기술도 익혀 왔다. 그에 더해서, 다양한 아동을 지도하면서 폭넓은 교육경험을 쌓았다. 이러한 점들은 어떤 부모들에 의해서든 인정되어야 하고 존중되어야 한다.

대부분의 부모들은 마음에서 우러나와서든 자기 자녀를 위해서든 교사를 존중하는 태도를 보인다. 그러나 일부 학부모들은 교사의 나이와 경력이 적어 보인다는 이유로 교사에게 합당한 존중의 태도를 보이지 않는 경우도 있다. 아마 우리 사회의 문화가 아직도 연령에 의해 상하관계가 결정되는 수직적 인간관계의 특성을 유지하고 있기 때문일 것이다. 또 일부 학부모는 학기 초에는 교사를 존중하는 태도를 잘 보이다가, 교사와의 만남 횟수가 증가함에 따라 '친해졌다.'는 느낌을 전달하는 방식으로 교사에게 친구나 아랫사람을 대하는 식의 언행을 보이기도 한다.

그래서 가끔 20대나 30대의 교사에게 반말을 섞어서 대하는 학부모들로 인해서 불쾌해하는 경우를 보게 된다. 이처럼 학부모가 교사에게 합당한 존중의 태도나 언행을 보이지 않을 때, 교사는 합당한 존중의 태도를 요구할 권리가 있다. '나보다 나이도 훨씬 많은 학부모인데…….' '내가 그 학부모의 자녀나 조카뻘 되는 나이인데…….' '학부모가 알아서 교사에게 언행을 조심해야지, 그걸 내 입으로 말하려니 어색해서…….' 등의 생각으로 그냥 받아들인다면 그 학부모와 교사와의 관계는 상호존중의 관계가 되기 어려우며, 이는 다른 학부모와 교사와의 관계 및 아동과 교사와의 관계에도 부정적 영향을 미치게 된다.

교사와 학부모의 관계는 일상적인 친분관계가 아니며, 따라서 나이에 의한 수직적 상하관계가 성립될 수 없다. 교사와 학부모의 관계는 아동교육을 위해 서로 협조하는 두 전문가가 만나서 이루는, 즉 전문적 관계인 것이다. 그러므로 교사는 학부모의 언행이나 태도가 그러한 전문적 관계에 적합하다고 보이지 않을 때, 이를 시정해 주도록 정중하면서도 단호하게 요구할 필요가 있다.

예를 들어, 다음과 같은 말을 단호하면서도 정중하게 전달하도록 한다. "제가 아직 경력도 짧고 △△의 부모님에 비해서 나이도 어리지만, 저는 지금 △△의 담임으로서 부모님을 만나 뵙고 있는 것입니다. 그러니 제게 말씀하실 때 그 점을 존중해 주셨으면 좋겠습니다." "방금 제게 반말을 하신 걸로 들었는데, 제가 바로 들었는지요? 제게 친근감을 가지시는 건 반가운 일이나, 학부모님께서 담임교사인 저에게 반말을 하시는 건 매우 거북합니다."

우리 사회의 문화에서는 이러한 말을 직접적으로 하는 것이 익숙하지 않기 때문에, 이런 말을 하는 것이 교사에게나 학부모에게 결코 편할 수는 없다. 그러나 이런 거북한 말일수록 간접적으로 전달하는 것보다는 직접적으로 예의 바르게 전달하는 것이 학부모로 하여금 교사를 더욱 존중하게 하는 효과가 있다.

교사의 이러한 요구에 대해, 학부모가 교사를 합당하게 존중하지 않았던 이전의 태도나 언행을 부정하는 경우도 많다. 그럴 때는 굳이 학부모를 반박할 필요는 없다. 중요한 것은 교사의 뜻을 분명하게 전달하는 것이며, 그 목적은 이미 달성된 것이기 때문이다.

물론 교사에 대한 학부모의 존중은 상당 부분 교사 자신의 노력에 의해서 획득되는 것이다. 피상적이고 기본적인 수준의 존중이야 모든 교사가 받을 권리가 있다. 그러나 학부모상담을 통해서 아동의 성장에 도움을 주고자 하는 관계가 성립될 수 있고 학부모가 교사의 조언을 진지하게 따르려고 하는 정도의 존중은, 교사라는 신분에서 자동적으로 얻어지는 것이 아니라 교사의 노력과 평소 언행에 의해서 쌓아 가는 것이다.

가끔 언론에 등장하거나 영화나 소설 등에서 극단적인 모습으로 그려지는 '존중받기 어려운 교사'와 유사한 교사들도 없지 않은 것이 현실이다. 그래서 학부모와 아동들은 교사 개개인에 따라서 적어도 마음속으로는 존중 정도를 달리하는 것도 사실이다. 평소 아동을 지도할 때 아동의 배경이나 능력 및 행동에 상관없이 아동 모두를 하나의 인격체로 존중하고 이해하고자 노력하는 교사, 최선의 학습지도와 생활지도를 위해서 노력하는 성실한 교사, 학부모가 학교에 자주 모습을 보이든 그렇지 않든 간에 아동 개개인에게 골고루 사랑과 관심을 보이는 교사는 경력이나 연령의 많고 적음에 상관없이 학부모와 아동의 존중을 받을 수 있고, 혹시 무례한 학부모가 있는 경우에도 교사가 합당한 존중을 당당하게 요구할 수 있다.

 ## 2. 부모의 불편한 심경을 이해하라

"아이가 성격도 참으로 밝고, 친구관계도 원만하고, 수업태도도 아주 좋고, 학업성취도 우수하고 정말 나무랄 데 없이 훌륭합니다. 그러니 부모님과 한번 만나 뵙고 아이의 성장에 관해서 자세한 말씀을 나누고 싶습니다."라고 학부모상담을 제안하는 교사는 거의 없다. 만약 그렇게 제안하는 교사가 있다면 아마 학부모는 교사의 저의를 의심할 것이다. 많은 교사들이 아동에게 어떤 문제가 발생했을 때에야 학부모에게 연락을 하여 상담을 제안하기 때문이다.

그러다 보니 대부분의 경우 학부모와 교사는 학기 초에 이루어지는 학부모총회 때 잠시 얼굴을 맞댄 것을 제외하면, 아동에게 문제가 있을 때, 그것도 문제가 심각해진 다음에야 거의 처음 대화를 나누게 된다. 다시 말해, 학부모상담의 자리는 학부모에게 심리적 불편함을 동반한 자리가 된다. 우리나라의 경우 자녀에게 무슨 잘못이 있으면 그것은 곧 부모로 서의 부적절함을 뜻하는 것으로 여기는 통념이 강하기 때문에 학부모의 심리적 불편감은 더욱 커지는 경향이 있다.

그래서 학부모상담에 임하는 부모들은 대개 뭔가 잘못된 것 같은 불안과 걱정, 자녀를 잘못 길렀다고 비난받을까 봐 두렵고 수치스러운 느낌, 부모 역할을 제대로 못한 것 같은 죄책감 등, 부정적 생각과 감정들을 많이 가지게 된다. 이러한 심리적 불편함은 부모를 방어적으로 만들기 쉽고, 결과적으로 학부모상담에서 아동의 문제와 성장에 초점을 맞추어 진지한 공동 노력을 기울이기 어렵게 한다.

심리적으로 불편하고 방어적인 태도를 지닌 사람이 흔히 보이는 반응 중 하나는, 빨리 그 문제로부터 도피하고자 하는 것이다. "제가 우리 애에게 관심을 많이 쏟지 못해서 그렇습니다. 죄송합니다. 앞으로는 좀 더 많은 관심을 기울이겠습니다." 식으로 아이의 잘못에 대해서 교사에게 빨리 사과만 하고 학부모상담을 끝내고자 하는 것이 그 예다. 또 다른 대표적 반응 중 하나는 문제의 원인을 다른 사람에게로 돌리고 비난하는 것이다. 문제의 원인이 교사라고 직접적으로 비난하는 학부모는 많지 않지만, "작년까지는 아이가 학교에서 아무 문제도 없었는데……." "집에서는 아이가 아무 문제도 없는데, 학교에서 문제가 있다니 이해하기 어렵군요." 식으로 은근히 교사가 아이를 잘못 대하거나 평가하고 있을 가능성을 암시하는 것이 그 예다.

학부모가 아동의 문제와 성장에 대해서 진지하게 교사와 논의하려 하지 않고 빨리 상황을 모면하려 하거나 오히려 학교나 교사를 비난하는 태도를 보이면 교사는 불쾌한 느낌을 갖기 쉽다. 그렇게 되면 교사도 부모가 심리적으로 불편하여 상황을 모면하거나 상대를 비난하는 경향이 생기는 것과 비슷한 상태에 빠질 가능성이 생긴다. 즉, 부모와 만나는 상황 자체를 빨리 끝내고 싶은 마음, 혹은 부모에 대해서 불만스럽고 비난하고 싶은 마음 상태에 빠질 수 있는 것이다.

🌿 교사는 상담자이고 부모는 내담자다

그러나 학부모상담에서 교사는 상담자이고 부모는 내담자임을 기억할 필요가 있다. 즉, 교사는 학부모상담에 임하는 부모의 불편한 심경을 헤아리고 공감적으로 이해하는 데 초점을 맞추어야 한다. 앞에서 언급한 바처럼 부모의 불안과 걱정, 수치심, 죄책감 등을 포함한 부정적 생각과 느낌을 이해하고, 부모가 최대한 편안해 질 수 있도록 배려하여야 한다.

공감적으로 이해한다는 것은 내담자의 입장에서 그 사람이 경험하듯이 생각하고 느껴 보는 것으로, 모든 상담에서 상담자가 내담자에게 제공해야 할 필수적 조건에 속한다. 예컨대, 자녀가 집에 와서 학교에 입학한 이후 교사에게 야단을 맞았다는 이야기는 많이 하나 칭찬받았다는 이야기는 별로 한 기억이 없으며, 교사로부터 아이에 대해서 들은 이야기도 주로 부정적인 것들만 있는 부모의 입장에서 그 부모의 생각과 느낌을 이해해 보자. 그 부모도 자녀에 대한 기대가 있고, 자녀가 인정받기를 바라며, 자녀에 대해서 자랑스럽게 여기고 싶었을 것이다. 그러나 입학 후 그런 기대는 많은 경우 실망으로 바뀌었고, 나름대로 아이를 변화시키기 위해서 여러 가지 시도를 해 보았을 것이다. 그러나 그런 시도들이 별로 효과적이지 못하니 부모도 기운이 많이 빠졌을 것이고 좌절감도 많이 느꼈을 것이다. 노력의 효과가 없으니 자녀에 대해서도 실망스럽고 화도 나며 관련된 주변 사람들(교사를 포함하여)이나 상황에 대해서도 원망하고 비난하는 마음도 생겼을 수 있다. 무엇보다도 학교에서 아이에게 또 문제가 있다며 연락이 오는 것과 그런 문제 때문에 교사를 만나야 하는 상황은 피하고 싶을 것이다.

비록 교사가 부모의 입장에서 완전하게 그 부모의 경험과 마음을 공감적으로 이해하지 못하더라도 위의 예처럼 부모의 심경을 이해하려고 노력하는 태도로 학부모를 상담하는 교사는, '담임교사가 아동에 관해서 의논하자고 부모에게 연락을 하면 부모는 기꺼이 달려와야 한다.'라고 단순하게 생각하지 않을 것이며 학부모상담을 불편해 하는 부모를 쉽게 비난하지도 않을 것이다.

🌿 학부모상담의 목적을 분명히 알려 주고, 협조할 수 있는 분위기를 만들어라

부모가 학부모상담에 편안하게 임할 수 있도록 돕기 위해서, 뒤 절에 제시되는 교사의 평소 준비와 더불어 학부모상담 요청 시나 상담장면에서 교사가 할 수 있는 일이 몇 가지 있다. 우선 편지나 알림장 혹은 전화를 통해서 학부모상담을 요청할 때, 학부모상담이 아동의 문제에 대해 부모를 질책하기 위한 것이 아니라 아동의 성장을 위해서 교사와 부모가 의논하고 협조하여 최선의 방안을 마련하고자 하는 것이 목적임을 분명히 전달할 필요가 있다.

또 부모가 학교에 왔을 때 최대한 편안하게 맞아 주는 것도 중요하다. 아동의 문제로 인하여 학부모상담이 이루어지는 상황이니 부모의 표정도 굳어 있을 가능성이 많으나, 교사는 편안하고 따뜻한 시선과 표정으로 부모를 맞음으로써 부모의 불편감을 덜어 줄 필요가 있다. 앉을 자리를 권하는 것, 간단한 음료나 차를 제공하는 것 등도 도움이 된다.

학부모상담을 위해 앉는 자리는 교사가 미리 생각해 두는 것이 좋다. 초등학교의 경우 학부모상담을 위한 별도의 상담실이 없는 경우가 대부분이기 때문에, 학부모상담은 대체로 담임학급의 교실, 동학년 연구실, 보건실 등에서 이루어진다. 교실에서 학부모상담을 하는 경우, 상담을 위한 자리는 교사의 책상을 사이에 두고 앉는 경우와 아동 책상을 사이에 두고 앉는 두 가지로 나누어 볼 수 있다. 일반적으로 말하자면, 교사의 책상을 사이에 두고 앉는 경우보다는 아동의 책상을 사이에 두고 앉는 경우가 학부모를 좀 더 편안하게 하는 경향이 있다. 교사와 학부모가 같은 크기와 모양의 의자에 앉음으로써 서로 동료임을 전달하게 되고, 아동의 책상을 사이에 둠으로써 학부모상담이 아동에 대해 함께 의논하는 자리임을 간접적으로 전달하는 효과가 있기 때문이다.

그러나 학부모상담의 상황에 따라서, 교사의 권위를 보다 확고하게 할 필요가 있는 상황이라면 교사의 책상을 사이에 두고 앉는 것이 더 적절할 것이다. 교사와 학부모가 이미 여러 번 이야기를 나누었고 변화의 방향에 대해서 합의하였으나 부모가 합의된 이행방안을 실천하는 노력이 부족할 때, 학부모의 교사에 대한 존중의 태도가 부족할 때 등이 바로 그런 상황이다(물론 그런 상황에서도 교사에게는 학부모가 왜 실천 노력이 부족할 수밖에 없었는지, 학부모가 나름대로 불만을 느낄 이유가 무엇인지 등을 이해하려는 자세가 필요하다). 책상은 교사의 권위를 상징하여 교사를 보다 더 중심적이고 중요한 인물로 부각하는 효과가 있기 때문이다.

[그림 2-1] 아동의 책상을 사이에 두고 앉는 경우

[그림 2-2] 교사의 책상을 사이에 두고 앉는 경우

🌿 아동에 대한 긍정적 이야기로 학부모상담을 시작하라

아동의 문제로 인하여 학부모상담을 시작하게 되었더라도 아동의 부
정적 측면이나 문제가 된 사건 등에 대해서 먼저 단도직입적으로 이야기

를 시작하는 것보다는, 아동에 대한 긍정적 언급으로 학부모상담을 시작하는 것이 학부모를 좀 더 편안하게 하고 상담이 효율적으로 이루어지게 한다. 그동안 아이가 이룬 긍정적인 변화나 성취 및 좋은 행동 등에 대해서 칭찬하는 말로 학부모상담을 시작하면, 학부모는 아동에 대한 교사의 시각이 긍정적이고 객관적임을 알 수 있을 뿐 아니라 긍정적 변화의 가능성에 대해 희망을 가지게 된다. 칭찬은 부모도 춤추게 할 수 있다!

　문제를 일으키는 아동일수록 긍정적인 변화나 성취 및 좋은 행동이 적을 수 있지만, 아무리 작은 것이라도 있었을 것이다. 아무리 찾아도, 아무리 작은 것이라도 좋은 변화나 좋은 행동이 없었다고 느껴진다면, '잘못하지 않은 것' '잘못하지 않았던 때'라도 찾아야 한다. 항상 잘못을 저지르며 지낼 수는 없기 때문이다.

　칭찬거리를 찾는 것은 교사의 몫이다. 아무리 작은 것이라도 교사가 아동의 좋은 행동, 성취, 변화를 찾아서 칭찬하는 것은 교사가 아동에게 깊은 관심이 있음을 보여 줄 뿐 아니라, 부모에게 중요한 모범(아동의 긍정적 측면이 아무리 작더라도 관심을 가지고 찾아내며 칭찬하는 것)을 보이는 것이기도 하다.

　교사가 아동을 칭찬하는 말을 한 다음에는 부모에게도 그간 아동에게서 발견한 긍정적 변화로는 어떤 것이 있는지 질문하는 것도 아주 좋다. 이러한 긍정적 변화에 대한 질문은 "그동안 ○○에게 뭔가 조금이라도 나아진 점이 있었나요?" "그동안 아주 작은 것이라도 ○○가 칭찬받을 만한 좋은 행동을 한 게 있었나요?"와 같이 하는 것보다는 "그동안 ○○에게 어떤 점이 조금이라도 나아졌나요?" "그동안 ○○가 아주 작은 것이라도 칭찬받을 만한 어떤 좋은 행동을 했었나요?"처럼 하는 것이 훨씬 좋은 질문이다. 전자의 질문들은 '긍정적 변화와 행동이 있을 수도 있고 없을 수도 있다.'라는 전제를 전달하므로,

부모로 하여금 '별로 없다.'라는 답을 쉽게 할 수 있게 한다. 반면, 후자의 질문들은 '긍정적 변화와 행동이 아무리 작은 것이라도 반드시 있다.'라는 전제를 전달하므로, 부모로 하여금 긍정적 변화와 행동을 더 적극적으로 찾아보게 하는 효과가 있다.

교사가 아동에 대해서 뭔가 긍정적인 언급을 하고 부모에게도 아동의 긍정적 측면을 찾아보게 하는 등으로 아동의 긍정적 측면을 부각한 다음에 아동의 현안 문제에 대해서 의논을 하게 되면, 교사와 부모가 모두 보다 희망적인 시각을 견지한 채 아동의 문제해결과 성장을 위해서 협조자로서 노력하기가 훨씬 수월해진다. '문제'만 바라보면 암울하고 방어적·비관적인 느낌에 빠지기 쉽고 다른 사람을 비난하고 싶은 마음이 강해지며 문제를 피하고 싶어지지만, 긍정적 측면과 문제를 함께 바라볼 수 있으면 문제해결이 가능하다는 낙관적 자세를 유지하며 문제해결에 초점을 맞추기가 용이해지기 때문이다. 어떤 부모든 자기 자녀가 잘되기를 바라며, 잘될 수 있다는 희망이 보일 때 변화를 위한 노력을 더욱 적극적으로 기울이게 된다.

3. 성공적인 학부모상담은 평소의 준비에 터해서 이루어진다

현실적으로 대부분의 학부모상담이 아동에게 문제가 있을 때 이루어진다고 해도, 부모의 심리적 불편함과 방어적 태도는 교사가 평소에 학부모상담을 위한 준비를 해 두면 상당 부분 줄일 수 있다. 그 준비란 다음 아니라 교사가 평소에 아동 및 학부모와 형성해 둔 관계를 뜻하는 것으로, 아동에게 교사가 진정한 관심을 가지고 있음을 여러 경로를 통해 아동과 학부모에게 전달되도록 하는 것이다.

🌿 아동에게 진정한 관심이 있음을 평소에 지속적으로 전달하라

교사가 아동에게 진정한 관심이 있음을 아동과 학부모에게 전달하는 경로는 크게 세 가지로 나누어 볼 수 있다. 그 하나는 평소 아동에게 보이는 교사의 언행과 태도다. 아동이 느끼기에 학교생활의 다양한 부분에서 교사가 자신에게 긍정적인 관심이 많음을 경험할 수 있어야 한다. 아침에 등교할 때 마주치는 아동에게 교사가 반가운 얼굴로 밝은 인사를 나누는 것, 수업시간에 아동의 얼굴이나 학업수행 정도를 지켜보며 관심을 보이는 것, 교실이나 복도에서 아동과 접할 때마다 따뜻한 시선으로 바라보거나 어깨를 두드려 주거나 미소를 짓는 것, 급식시간에 아동이 어떤 음식은 좋아하고 어떤 음식은 싫어하는지 알아주거나 급식시간에 아동 옆자리에 앉는 것, 아동의 생일 및 특별히 기분이 좋아 보이는 날이나 힘들어 보이는 날에 관심 어린 말을 건네는 것, 아동이 예전에 하지 못하던 것을 하게 될 때나 성취가 이전보다 나아졌을 때 교사가 기쁜 얼굴로 칭찬의 말을 건네는 것, 아동의 성취가 나아질 수 있도록 잠시라도 개별적 도움을 제공하는 것, 아동의 일기나 알림장에 간단한 격려나 칭찬을 적어 주는 것, 모든 아동에게 적어도 한 주에 한두 번씩은 진심 어린 칭찬을 해 주는 것 등, 교사가 아동에게 긍정적 관심을 보일 수 있는 방법은 무궁무진하다.

학급에 속한 서른 명 이상의 아동에게 개별적인 관심을 일일이 기울이기가 어렵다고 생각된다면, 하루에 집중적으로 관심을 보일 아동들을 예닐곱 명 정도로 마음속에 나누어 정하는 식으로 노력하면 충분히 모든 아동에게 관심을 전달할 수 있다. 교실에서 교사의 주된 관심을 받는 대상이 특출한 성취를 보이는 몇몇 아동과 주로 문제를 일으키는 아동 등 일부에 국한되어 있는 경우가 있으나, 다른 평범한 아동들도 교사의 관심이 필요하다. '우리 담임선생님은 뭔가 특별히 잘하는 애들만 예뻐하신다.'라고 학급아동들이 생각한다고 하자. 과연 이들이 모두 뭔가를 특별히 잘하려고 애를 쓸까? 물론 그럴 아동도 없지는 않겠으나, 대부분의 아동들은 '나는 별로 잘하는 게 없어. 그러니까 선생님은 내게 관심도 없어.'라고 무기력하게 포기하는 경우가 더 많을 것이다. 반면 어떤 능력이나 특성을 가진 아동이든 열심히 노력하는 모습을 선생님이 그냥 지나치지 않고 기뻐하며 칭찬한다면, 아동들은 '우리 담임선생님은 뭐든 열심히, 성실히 하는 사람을 예뻐하신다.'라고 생각할 것이며, 담임의 관심을 얻기 위해 노력할 아동들이 능력의 고하를 막론하고 그만큼 더 많아지는 것이다. 또한 이렇게 전달된 교사의 아동에 대한 관심은 학부모상담을 위한 귀한 자본이 된다.

긍정적 관심이 주어져야 하는 것은 문제를 많이 일으키는 아동들에게

칭찬은 반드시 진심에서 우러나와야!!!

건성으로 하는 칭찬, 거짓으로 하는 칭찬은 아동이 금방 알아차린다. 칭찬은 교사의 진심에서 우러나온 것이어야 아동이 좋아한다. 칭찬의 말을 어떻게 건네는지도 중요하지만, 더 중요한 것은 교사가 진심으로 기뻐하고 좋아하는 마음으로부터 칭찬하는 것이다.

도 마찬가지다. 사실 문제를 많이 일으키는 아동일수록 교사의 긍정적 관심이 더 많이 필요하다. 문제를 많이 일으키는 아동들은 교사에게 주로 야단을 맞는, 즉 부정적 관심을 더 많이 받는 아동이 된다. 교사의 입장에서 보면 아동이 잘못을 하고 문제를 일으키기 때문에 야단을 치는 것이고 그만큼 칭찬은 적어지는 것이다. 그러나 아동과 교사의 관계를 아동의 시각에서 보면, 야단을 맞게 되면 기분이 나쁘고 자신감과 의욕도 떨어져서 오히려 문제를 일으킬 가능성이 높아진다. 또한 교사에게 야단을 많이 맞다 보면, 아동은 교사가 자기를 싫어한다고 느끼게 되어 자기를 싫어하는 교사의 말을 별로 따르고 싶지 않다는 생각을 가지게 된다. 인간관계는 항상 상호작용적 측면이 있기 때문이다.

워낙 문제를 많이 일으켜서 교사를 매일같이 곤혹스럽게 만들고 '다른 아이들은 나름대로 칭찬할 게 한 가지라도 있지만, 그 아이는 도대체 칭찬할 게 없다.'라고 느껴지는 아동이 있다면, 그 아동이 문제를 항상 같은 정도로 일으키는지, 모든 영역에서 문제가 동일한 정도로 일어나는지

진심으로 아동의 행동을 기뻐하려면?

아무리 작은 행동이라도 그것이 얼마나 하기 힘든지 그 아동의 입장에서 이해하도록 해보라. 예컨대, 자기가 잘할 수 있으리라 생각되지도 않고 도무지 이해되지도 않는 내용을 한 시간 내내 공부해야 할 때 수업에 집중하기가 얼마나 힘든지 생각해 보라. 그렇게 힘든데도 처음 5분 동안 선생님 설명도 들으려 하고 책도 읽어 보려고 했다(나머지 35분은 장난도 치고 짝도 건드리고 일어나 돌아다녔다). 처음 5분 동안 집중하고자 노력한 것은 이 아동 입장에서는 아주 힘든 일인 것이다. 따라서 칭찬받아 마땅하다.

살펴보라. 그렇지 않음을 발견할 수 있을 것이다. 아무리 문제가 심한 아동이라도 문제가 심한 경우와 덜 심한 경우가 있기 마련이다. 문제가 덜 심한 영역이나 문제를 덜 일으키는 날(시간)이 바로 아동을 칭찬할 수 있는 기회다.

물론 그 아동이 문제가 덜 심하다고 해도 다른 아동에 비하면 형편없는 정도일 수 있다. 그러나 다른 아동과 비교하면 안 된다. 거의 매일 친구들에게 욕설을 하고 싸움을 하던 아동이 어느 쉬는 시간 몇 분 동안에 친구와 싸우지 않고 재미있게 이야기를 하거나 즐겁게 노는 것이 보이면, 아주 반가운 얼굴로 즉시 관심을 보이며 칭찬할 필요가 있다. 그러면 친구와 싸우지 않고 잘 지내는 시간이 늘어날 뿐 아니라, 장차 학부모상담의 좋은 기반이 쌓이는 것이다. 또한 아동의 문제로 학부모상담을 하게 될 가능성이 그만큼 줄어드는 것이기도 하다.

🌱 부모에게 아동에 대해서 자주 알려 주되, 긍정적 변화도 반드시 포함해서 알려라

아동에 대한 교사의 진정한 관심은 아동에게뿐만 아니라 부모에게도 자주 전달되는 것이 좋다. 아동에 대해 진정한 관심을 가지고 관찰하는 교사에게는 아동의 부정적 행동과 문제뿐만 아니라 긍정적 행동도 반드시 눈에 띄게 되며, 부모에게 전달되는 내용도 아동이 무엇인가를 잘못했을 때뿐만 아니라 잘했을 때(워낙 잘못을 많이 하는 아동이라면, 잘못을 하지 않았을 때)에 대해서도 포함하여야 한다.

이미 많은 교사들이 하고 있는 것처럼, 아동의 잘못된 행동이나 사건 등이 있을 때 부모에게 알리는 것이 필요하다. 예컨대 지각을 하거나, 숙제를 해 오지 않거나, 준비물을 챙겨 오지 않거나, 수업참여도가 떨어지거나, 발표를 하지 않거나, 친구와 싸우는 등의 일들이 일어나면 부모에게 알리는 것이 필요하다. 교사가 그러한 점들을 간과하지 않고 중요하게 다룸을 아동과 부모에게 전달하는 것은 의미 있는 일이다. 아동은 그러한 행동을 반복하지 말아야겠다는 생각을 하기 쉽고 부모에게도 교사가 학교생활에서 중요하게 여기는 바에 대해 인식케 하는 효과가 있기 때문이다. 또한 부모가 아동의 학교생활에 대해서 잘 알수록 부모가 아동의 학교생활이 원만해지도록 도울 수 있기 때문이기도 하다.

그러나 부모에게 아동의 학교생활에 대해서 알리는 내용으로 부정적인 것만을 포함해서는 안 되며, 가끔씩이라도 아동의 긍정적 변화나 좋은 행동에 대한 내용을 전달하는 것이 매우 중요하다. 앞 절에서 설명한 바와 같이 교사가 아동에게 진정한 관심을 가지고 아동의 긍정적 변화와 성취 및 좋은 행동 등에 대해서 아동에게 직접 칭찬할 뿐 아니라, 그것을 알림장이나 메모 · 문자 등을 통해서 부모에게도 전달해 주는 것은 여러 가지 효과가 있다.

우선, 아동에 대한 칭찬의 효과를 배가시킨다. 학교에서 선생님에게 칭찬을 받은 것도 기분 좋은 일인데 더불어 부모에게 자신에 대한 칭찬이 담긴 메모를 가지고 가는 아동의 기분은 더욱 좋을 것이다. 그 메모를 부모에게 으쓱하며 내밀 수 있게 되고 부모에게까지 이중으로 칭찬도 받을 수 있는 기회를 주게 되는 것이다.

또 다른 효과는 아동의 학교생활 모습에 대해서 자주 알림으로써 부모로 하여금 아동의 학교생활에 더 많은 관심을 가지게 한다. 특히 자녀에게 무관심하거나 아동의 학교생활을 잘 돕는 방법에 무지 · 무관심한 부모들에게 관심을 촉구하는 좋은 방법이다. 예전보다 나아진 점이 작게라도 보이거나, 큰 변화는 보이지 못하더라도 나름대로 노력하는 모습이 보이거나, 아주 작은 행동이라도 자신이나 다른 사람에게 도움이 될 만한 행동을 하는 등 아동의 긍정적 측면에 어른이 주의 깊게 관심을 기울여서 찾아내고 칭찬하는 모범을 교사가 부모에게 보여 줌으로써 부모도 자녀에게 긍정적 관심을 보다 더 주의 깊게 기울이도록 할 수 있는 것이다.

특히 문제를 많이 일으키는 아동의 부모는 대개 학교로부터 부정적인 내용의 전갈을 주로 받기 때문에, 나름대로 지치고 짜증스러운 나머지 교사가 보내는 전갈에 대해서도 부정적이거나 관여하고 싶지 않다는 느낌을 가지기도 한다. 이런 부모들에게 교사가 아동의 긍정적 변화나 좋은 행동에 대해서 칭찬하는 전갈을 보내 주면, 아동의 학교생활에 보다 적극적으로 관여하고 싶은 마음이 생긴다.

또한 이런 부모일수록 삶 속에서 좌절과 고통을 겪고 있는 경우가 많기 때문에, 자녀의 긍정적 변화에 대한 교사의 칭찬은 부모를 좀 더 기운

부모에게 보내는 아동 칭찬의 메모 예시

- "오늘 ○○가 쉬는 시간에 친구와 사이좋게 지내는 모습이 참 예뻤습니다. 담임인 저의 하루를 더욱 행복하게 해 주는 모습이랍니다."
- "○○가 드디어 구구단을 4단까지 다 외웠습니다. 힘들지만 끝까지 포기하지 않고 열심히 하는 모습이 정말 장합니다."
- "○○가 오늘 학급문고를 깔끔하게 정리해 주어서 학급친구들이 모두 고마워하며 박수를 쳤습니다. 부모님의 박수도 부탁합니다."
- "이번 주는 사흘째 ○○가 계속 홈런입니다. 사흘 내내 제시간에 등교했습니다. 수업시간에 책도 잘 펴 놓습니다."

나게 해 주는 효과도 있다. 고단한 삶이지만 자녀에게 희망을 걸 수 있는 부모와 자녀 때문에 삶이 더욱 짜증스러워지는 부모를 비교해 보면, 전자의 삶이 훨씬 덜 고달프고 또 자녀에게도 그만큼 더 애정과 관심을 기울일 수 있는 것이다.

부모에게 아동에 대한 칭찬을 가끔이라도 보내면 장차 학부모상담을 위해서 부모를 학교로 청할 때도 훨씬 더 협조적일 수 있도록 하는 준비가 된다. 교사가 평소에 아동에게 많은 관심을 가지고 아동의 부정적 측면과 긍정적 측면을 세심히 파악하고 있음을 부모가 학부모상담 이전에 미리 감지할 수 있기 때문이다. 이런 교사가 아동의 성장에 대해서 학부모와 보다 구체적이고 심도 있는 논의를 하기 위해서 만남을 가지고자 요청할 때 학부모도 보다 적극적이고 협조적인 자세로 학부모상담에 임할 수 있게 된다.

평소에 아동에 대해 자잘한 것이라도 기록하고 모아 두라

이에 더해서, 평소에 아동의 특성과 행동 및 성취에 관련된 교사의 관찰 내용을 기록해 두고 관련 자료를 보관하는 것도 학부모상담을 위해 매우 좋은 준비다. 이런 자료는 평소에는 아동과 학부모에게 직접 전달되는 경우가 드물지만, 학부모상담 시에는 매우 유용한 준비가 된다. 아동의 성격, 인간관계, 성취, 행동이 일상적으로 어떤 경향을 보이는지, 또 드물게 일어나는 비전형적인 행동이나 사건에는 어떤 것들이 있는지 등을 개개 아동별로 구체적 · 누적적으로 기록해 두고 아동별 관련 자료(아이의 그림과 글, 학급친구들이 아이에 대해 쓴 글 등)도 보관해 둔다.

이런 구체적 자료들은 아이에 대한 교사의 이해와 평가를 객관적이며

[그림 2-3] 보관해 둔 아이의 글과 그림을 제시

깊이 있게 하는 동시에 학부모상담 시에 활용할 수 있는 구체적 근거가 될 수 있다. '친구관계가 원만하지 않다.'라는 추상적 · 평가적인 말만 하기보다는, 그동안 급우들과의 사이에서 일어난 여러 가지 사건, 쉬는시간 및 점심시간, 모둠별 활동에서 일어난 일들, 급우들이 아동에 대해서 한 말 등 다양하고 구체적인 자료를 가지고 학부모상담을 진행하면 부모가 받아들이기도 쉬우며 개선방향에 대한 논의도 보다 구체적으로 이루어질 수 있다.

담임교사는 학급의 각 아동별로 관찰기록 및 자료보관을 위한 파일을 마련하여 주기적으로 정리해 두는 것이 좋다. 적어도 일주일에 한 번 정도는 각 아동별로 간단한 메모라도 적어 둔다. 등하교 상황, 준비물 및 과제이행 정도, 아침 자습시간의 태도, 수업태도(과목별로 다르다면 과목별로 구분), 과목별 학업성취 수준 및 흥미도, 발표 및 조별활동 참여도 등 학습과 관련되는 사항들뿐 아니라, 쉬는 시간의 행동양태, 점심시간의 행동양태, 교사와의 관계, 학급친구와의 전반적 관계 및 친한 친구와의

[그림 2-4] 관찰기록 및 보관자료를 제시

관계 등 수업 외 활동 및 관계적 측면 중 적어도 한두 가지를 기록해 둔다. 일단 기록을 시작하면 적어도 기록된 내용과 관련해서는 아동에 대해서 교사도 좀 더 관심을 기울여서 관찰하게 되므로, 아동 모두에게 교사가 골고루 관심을 기울이게 하는 효과도 있다.

위의 여러 사항에서 그 주에 특별한 사건이나 변화(긍정적 혹은 부정적)가 있을 때는 물론이고, 특별히 눈에 띄는 점이나 변화가 없을 때 '지난 주와 별다름 없음.'이라는 간단한 메모라도 기록해 둔다. 사실상 아동의 성장과 교육에서는 '변화 없음'도 중요한 점이다. 긍정적으로 변화를 보이는 것이 바람직한 경우에 '변화 없음'은 교사와 부모가 관심을 보다 더 많이 기울여야 하거나 혹은 관심을 기울이는 방법을 변경하여야 함을 뜻하는 중요한 정보이기 때문이다.

현재 가르치고 있는 학급의 아동들 각각에 대해서 무엇을 기록해 왔는지, 지금부터 기록한다면 무엇을 기록하겠는지 생각해 보면 어떤 아동은 기록할 내용이 쉽게 떠오르는 반면 그렇지 않은 아동들도 있을 것이다.

또 어떤 아동은 주로 부정적인 내용들이 쉽게 떠오르고, 다른 아동은 긍정적인 내용들이 눈에 띌 것이며, 별 특징이 없어 보이는 아동들도 있을 것이다.

긍정적인 내용이 쉽게 떠오르는 아동이면 대체로 적응이 원만하게 이루어지고 있으며 교사와의 관계도 무난할 가능성이 많다. 그런 아동의 경우 긍정적인 내용들을 떠오르는 대로 누적적으로 기록해 보면 아동의 장점과 자원을 찾는 데 매우 중요한 정보가 될 것이며, 학부모상담 및 아동상담 시에 활용하기에도 매우 귀중한 자료가 된다. 이런 아동의 경우 혹시 문제가 생겨서 학부모상담을 하더라도 교사와 부모에게 아동에 대한 균형 잡힌 시각을 가질 수 있게 해 주며, 보다 낙관적인 자세로 문제해결을 위해 협조할 수 있게 된다.

부정적인 내용이 주로 떠오르는 아동이라면 그 내용을 기록하는 한편 긍정적인 측면을 찾는 노력도 좀 더 기울일 필요가 있다. 부정적인 내용이 교사의 기억에 주로 떠오르는 아동이라면, 그 아동에 대한 교사의 시각도 이미 부정적으로 형성되었을 수 있고 심지어 교사에 대한 아동의 시각조차 부정적일 가능성이 있다. 그런 아동일수록 이미 과거에 교사나 다른 성인들에게 야단을 많이 맞는 등 부정적 경험을 했을 가능성이 높아서 '선생님들은 나를 좋아하지 않는다.' '선생님들은 하기 싫은 것만 시키고 야단만 친다.'라는 식의 태도를 가지기 쉬운 것이다. 또한 아동에 대해 부정적인 내용들로만 기록이 누적되어 있으면, 학부모상담 시에 그 기록을 학부모에게 보여 줄 때 교사의 아동에 대한 평가가 여러 가지의 구체적 관찰내용·기록을 근거로 하고 있다는 자료는 될 수 있으나 다른 한편으로는 교사가 해당 아동을 매우 부정적인 시각에서 바라보는 '편견'이 있었다는 것으로 보이는 위험도 피할 수 없다. 그러므로 이런 아동일수록 긍정적 측면을 조금이라도 찾아서 함께 기록해 두는 것이 여러모로 좋다. 교사가 객관적이고 균형적인 시각에서 아동의 행동이나 사건 등을 기록했음을 반영하므로 학부모의 협조를 구하기도 용이하며, 교사 자신의 시각도 보다 균형적일 수 있게 해 주기 때문이다.

　아동 개인별로 파일을 만들어 관찰·기록하다 보면, 극단적으로 표현해서 '우리 반에 이런 아동이 있었던가?' 할 정도로 교사의 눈에 띄지 않았던 아동이 간혹 있음도 발견할 수 있다. 이런 아동은 특별히 교사의 눈에 띌 만한 성취나 특징도 없는 반면, 특별히 말썽도 부리지 않고 교사나 다른 아동들을 괴롭히지도 않기 때문에 학급에 있는 듯 없는 듯 존재감이 없다. 그러다 보니 야단은 안 맞지만 칭찬도 받지 못한 채 한 해가 지나가 버리는 경우까지 생긴다. 그러나 이런 아동도 교사의 관심이 특별히 필요한 존재다. 그동안 문제를 특별히 일으키진 않았지만 교사나 또래들의 인정도 별로 받지 못했기 때문에 아동의 자존감이 그리 높지 않을 가능성이 많기 때문이다. 그러므로 아동의 자존감을 높이고 문제를 예방하기 위해서도 교사의 관심이 필요하다. 이런 '무명의 존재'들 중에서 교사가 관심을 좀 더 많이 기울이면 학교생활도 더욱 열심히 하고 자신의 잠재력을 활발히 펼칠 수 있는 '숨은 진주'를 발견하는 경우가 많다.

4. 학부모내담자의 유형에 따라서 접근을 달리하라

　해결중심상담접근에서는 상담장면에 임하는 내담자의 태도와 준비도에 따라서 내담자를 '고객 유형' '불평자 유형' '방문자 유형'으로 구분하고, 내담자의 유형에 따라서 상담접근 방식이 달라질 필요성이 있다고 본다. 학부모상담에 임하는 내담자인 학부모의 경우에도 이러한 유형별 접근이 유용하게 활용될 수 있다. 학부모내담자의 유형을 단순화하여 분류해 본다면, 자녀의 성장을 돕고자 상담을 원하는 보호자로서의 고객 유형 학부모, 학부모 자신의 문제를 상담받고자 하는 내담자로서의 고객 유형 학부모, 불평자 유형의 학부모, 방문자 유형의 학부모 등으로 나누어 볼 수 있다.

물론 이러한 유형은 상담접근의 원활성을 위하여 학부모상담의 상황별로 분류한 것이며 따라서 영속적인 것이 전혀 아니다. 보호자 고객으로 학부모상담을 시작한 학부모가 상담진행 과정에서 본인 문제를 상담받고자 하는 내담자 고객으로 변화할 수 있고, 불평자 유형이나 방문자 유형으로 상담이 시작되었으나 교사의 능숙한 상담진행으로 고객 유형으로 변화할 수 있으며, 학년 초에는 고객 유형으로 상담을 스스로 요청한 학부모가 몇 달 후에는 불평자 유형이나 방문자 유형으로 변화될 수도 있는 것이다.

🎁 자녀의 성장을 위해 상담을 원하는 보호자 고객 유형 학부모

자녀의 학교생활에 대해서 잘 알기 원하며 교사의 아동에 대한 생각을 알기 원하거나 교사의 조언을 구하기 위하여 학부모상담을 스스로 요청하는 학부모, 자녀의 문제에 대해서 잘 알고 해결을 위해 노력하고자 하며 교사의 협조를 구하기 위해서 학부모상담을 스스로 요청하는 학부모, 교사가 학부모상담을 먼저 요청하였더라도 학부모가 아동의 문제에 대해서 잘 알고 교사와 협조하여 노력하고자 하는 자세를 이미 가지고 있는 학부모 등, 아동의 성장을 위해서 교사와 함께 노력하고자 하는 보호자로서 상담에 임하는 학부모들이 이런 유형에 속한다. 이런 유형의 학부모들은 교사가 학부모상담을 통해서 줄 수 있는 도움을 원하는 '고객'이므로 학부모상담에 적극적인 태도로 임하고 변화를 위하여 노력하고자 하는 준비도 잘 갖추어져 있다.

아동교육을 위해서 학부모와 교사가 서로 정보를 나누고 협조하여 노력하는 것이 중요하다는 생각에서 학년 초 담임교사와 자녀에 대한 생각을 이야기하고자 하고 교사와 협조적인 관계를 형성하고자 학부모상담을 요청하는 경우도 일단 이 유형에 포함할 수 있을 것이다. 교사들 중에는 학교교육은 전적으로 교사에게 맡겨져야 한다고 믿는 나머지, 아동의 교육과 관련하여 학부모와 소통하는 것이나 만나는 것 자체를 거북해하는 경우가 있다. 혹은 학년 초에 자녀를 특별히 부탁하려는 일부 학부모들을 피하고 싶은 생각에서 아예 학부모와의 개인적 만남 자체를 꺼리는 교사들도 있다. 그러나 순수한 교육적 목적에서 교사에게 자기 자녀에 대해서 알려 주고 함께 교육적 노력을 기울이고자 하는 학부모와의 만남은 아동의 교육을 위해 매우 바람직하고 환영할 만한 일이다.

대부분의 학교에서는 학년 초에 학급담임과 학부모들과의 만남이 학부모총회와 같은 기회를 통해 적어도 한 번은 이루어진다. 이때가 많은 학부모들에게는 담임교사를 처음 대면하는 기회다. 그러므로 담임교사는 학부모총회 이전까지 각 아동별로 적어도 한두 가지 정도는 부모와 이야기를 간단하나마 나눌 수 있도록 아동에 대하여 파악해 둘 필요가 있다. 아동의 두드러진 특성(가능하면 긍정적인 특성을 포함하면 더 좋다)이나 간단한 일화, 혹은 아동에 대해 부모에게 묻고 싶은 점 등에 대해서 한두 가지씩 기록해 두었다가 각 부모를 대면할 때 잠깐이라도 대화를 나누면, 보호자 고객 유형의 학부모가 많아지는 대신 불평자 유형이나 방문자 유형의 학부모가 줄어들 수 있다.

　보호자 고객 유형의 학부모 내담자에게는 ① 아동교육에 대한 부모의 열의와 노력에 대해 인정하고, ② 아동교육을 위해서 교사도 부모와 함께 기꺼이 노력하고 협조하고자 하는 태도를 전달하며, ③ 아동에 대한 부모의 생각과 느낌 및 아동교육에서 부모가 중요하게 여기는 점에 대하여 잘 들어야 한다. 또한 ④ 아동에 대한 교사의 전반적인 생각과 느낌 및 특별히 주의와 노력을 기울여야 하는 영역에 대한 교사의 의견을 전달하고, ⑤ 필요 시 문제의 유무 및 문제의 성격에 대한 교사의 판단도 전달하

아동에 대한 교사의 기록이나 질문이 꼭 심오한 생각을 거쳐야 할 필요는 없다

'아침 등교 때 다른 교사와 이야기하며 가고 있는데, 뒤에서 누가 옷을 당기기에 돌아보니 ○○였다. 먼저 다가와서 인사해 주어 참 반가웠다.' '오늘 종일 ◎◎가 기운이 없어 보였다. 쉬는 시간에 짝과 잘 놀지 않는 걸로 보아 다툰 것 같은데, 일단 지켜보기로 했다. 다행히 점심시간부터 다시 둘이서 이야기도 하고 괜찮아진 것 같았다. 빨리 개입하지 않고 지켜보길 잘했다는 생각이 든다.' '□□가 한 주 동안 수업시간에 전혀 발표를 하지 않기에 오늘은 먼저 지명을 했더니, 씩씩하게 발표를 잘했다. 앞으로 좀 더 지명을 해서 발표를 많이 하도록 하고, 점차적으로는 스스로 손을 들도록 유도해야겠다.' '△△는 과제를 시작할 때 시간이 많이 걸리지만, 일단 시작하면 집중해서 잘 해낸다. 과제를 시작하는 부분에서 도움을 주어야겠다. 집에서는 어떤지 알아보아야겠다.' 등 사소해 보이거나 학교생활에서 일상적으로 일어나는 일로 보이는 것들이라도, 나중에 모이면 아동을 이해하는 데 귀중한 자료가 된다. 또한 아동에게 교사가 세심한 관심을 기울이고 있음을 보여 주는 것이기도 하다.

고, ⑥ 문제해결 및 예방을 위한 교사와 부모의 협조방안 등에 대해서 자연스럽게 대화를 나누면 된다.

🪴 자신의 문제를 상담받기 원하는 내담자 고객 유형 학부모

처음부터 자녀의 문제가 아닌 자신의 개인적 문제에 대해서 상담받고자 학부모가 교사에게 상담을 요청하는 경우는 드물다. 그러나 자녀의 문제에 대해서 의논하기 위하여 교사와 상담을 하다가 부모 자신의 문제를 깨닫게 되어 자신의 문제를 더욱 시급하게 상담받고자 하는 방향으로 바뀌는 경우는 상당수 있다. 대체로 연륜과 경험이 풍부한 교사가 학부모상담을 진행하는 경우에 이런 내담자 고객 유형으로 바뀌는 경우가 많이 있지만, 경력이 짧은 젊은 교사라도 수용적·공감적 태도로 학부모를 잘 이해하는 훌륭한 상담자의 모습을 보이게 되면 부모가 자신의 문제를 털어놓고 의논하고자 하는 경우가 생길 수 있다.

자녀의 문제와 관련하여 시작된 상담이 학부모 자신의 문제로 옮겨 가게 되면, 교사로서는 과연 그것이 학부모상담에 적절한 것인지 의문이 생길 수 있고 상담의 방향을 어떻게 설정하여야 할지 혼란스럽게 느낄수 있다. 학부모가 자신의 문제에 초점을 맞추는 쪽으로 상담이 흘러가더라도, 대부분의 경우 그것이 오래 지속되지는 않고 어느 정도 부모 자신의 문제에 대하여 다룬 후에는 다시 자녀 쪽으로 초점이 옮겨 가는 것이 보통이다. 또한 부모 자신의 문제해결은 결과적으로 자녀에게 좋은 영향을 미칠 수 있다. 그러므로 교사는 부모가 자신의 문제에 초점을 맞추어 대화를 하고 싶어 하는 경우 일단 자연스럽게 보조를 맞추며 경청하는 것이 도움이 된다.

그러나 학부모가 자신의 개인적 문제나 부부간 문제, 혹은 확대가족과의 문제 등을 지나치게 오래 이야기한다고 여겨지면, 교사는 자신의 준비도와 부모의 자원 여부를 잘 감안하여 상담의 방향을 설정할 필요가 있다. 교사의 준비도란, 교사가 학부모 개인적 문제를 상담할 심리적 준비와 전문적 준비 및 시간 할애가 가능한지에 대한 판단 정도를 말한다. 대부분의 학부모는 교사에게 자신의 문제를 이야기한다고 하더라도 그 문제의 해결을 위해서 교사와 지속적이고 반복적으로 상담을 하려는 의도는 없다고 볼 수 있다. 그런 경우에는 해당 상담시간에 교사가 미리 예정했던 일반적인 학부모상담 시간보다 더 긴 시간을 할애할 수 있다면, 부모의 이야기를 경청하고 공감적으로 이해해 주는 것으로 충분할 수 있다. 그런 다음 부모 자신의 문제와 아동의 문제가 어떤 관련성을 가질 수 있는지 함께 생각해 보는 시간을 가지면 좋다.

혹시 자신의 개인적 문제와 관련하여 교사에게 지속적이고 반복적인 상담을 받으려는 학부모가 있다면, 교사는 자신이 그러한 상담자의 역할을 할 의향이 있는지, 전문적 준비도가 갖추어져 있는지, 그리고 부모에게 다른 자원이 있을지를 감안하여 판단하여야 한다. 교사에게 그럴 의향이나 전문적 준비도가 부족하다고 여겨지면 성인의 개인적 문제, 가족문제, 부부문제 등을 전문적으로 다루는 전문 상담기관의 적절한 상담자에게 의뢰하는 것이 적절하다.

비록 교사 자신이 그런 문제들을 전문적으로 다룰 준비가 갖추어져 있다고 하더라도, 학부모가 전문 상담기관에서 상담을 받을 수 있는 가능성이 있다면 역시 전문 상담기관에 의뢰하는 것이 더 좋다. 학부모상담은 아동을 교육하는 두 주체인 교사와 학부모가 아동의 성장을 주목적으로 하는 것이므로 그 원래의 목적에 충실할 필요가 있기 때문이다. 즉,

학부모상담의 초점은 학부모가 아동을 보다 효과적으로 교육할 수 있도록 돕고, 아동교육을 위한 교사와 학부모의 협조가 효율적으로 이루어지도록 하는 데 있다. 따라서 부모의 어떤 문제가 아동의 문제해결 및 성장에 걸림돌이 된다면 학부모상담에서 그 문제를 다룰 수는 있으나, 그때에도 아동문제에 초점을 두면서 부모문제를 다루는 정도에 국한하고, 부모문제에 초점을 맞춘 상담은 외부전문가에게 의뢰하는 것이 적절하다.

만약 학부모가 자신의 개인적 문제나 부부 간·가족 간 문제를 상담받을 수 있는 자원이 극히 부족하고 교사가 시간과 노력을 기울일 의향이 있는 경우라면, 교사의 전문적 준비도가 다소 부족하더라도 학부모 개인을 내담자로 초점을 맞춘 상담을 진행할 수는 있다. 그러나 이런 경우에도 학부모가 상담받을 수 있는 자원을 교사가 좀 더 적극적으로 찾아 주는 노력을 해 보는 것도 필요하다. 학부모 스스로 지각하는 것보다는 상담자원이 더 많을 수 있으므로, 교사가 상담기관의 정보를 찾아 학부모에게 제공하여 선택 기회를 넓혀 주는 대신 학부모상담의 본래 목적에 보다 충실한 것이 좋다.

예컨대, 전문적 상담을 받으려면 시간적·경제적 비용이 많이 든다고 생각하는 학부모들이 많은데, 한국청소년상담복지개발원, 16개 시도 청소년종합상담복지센터, 174개(2012년 현재) 시군구 청소년상담복지센터 등 다양한 규모와 기능을 가진 상담기관들로 구성된 전국 청소년상담체계를 활용하면 무료로 전문적인 상담을 받을 수 있다. 특히 시군구 청소년상담복지센터는 전국에 산재해 있으며 국가 및 지방자치단체의 지원을 받는 상담기관으로서, 아동과 청소년뿐 아니라 학부모 및 교사들에게 상담 및 대부분의 심리검사를 무료로 제공하고 있다. 이들 기관을 방문하면 개인상담·집단상담·가족상담·학부모상담·심리검사 등이 가능하며,

전화상담 및 사이버상담도 제공하고 있다. 청소년상담전화번호인 1388을 지역번호 없이 누르면 가까운 청소년상담복지센터로 연결되어 필요한 각종 상담 및 검사를 받을 수 있으므로 편리하게 이용할 수 있다. 인터넷에서는 http://www.kyci.or.kr로 들어가면 한국청소년상담복지개발원 홈페이지가 뜨는데, 그 속에 상담기관 네트워크 코너가 마련되어 있어 지역별·문제별로 상담기관이 소개되어 있고 문제별 전문상담기관 사이트로 연결도 가능하다.

🪴 불평자 유형 학부모

위에서 제시된 두 유형의 학부모는 아동교육을 위해서든 혹은 자신의 문제해결을 위해서든 교사의 도움을 적극적으로 원하는 고객 유형의 내담자들이므로 교사에게 큰 심리적 부담감을 주지는 않는다. 그러나 학교의 교육시책이나 교사의 교육방침, 혹은 다른 학부모, 심지어 자기 자녀나 배우자 및 가정 형편에 대한 불만을 교사에게 토로하기 위해서 상담을 요청하는 학부모들도 있다. 이런 학부모들은 교사에게 도움이나 조언을 구하고자 하는 의지가 적어 비우호적, 비협조적이다. 불평자 유형의 내담자는 자신이 변화하여야 한다는 인식이나 변화의 의지가 부족하고, 문제를 다른 사람이나 상황 탓으로 돌리는 경향이 강하므로 상담자로 하여금 답답한 느낌과 좌절감을 느끼게 만들기 쉽다.

특히 교사나 학교에 대해서 불만을 토로하는 불평자 유형의 학부모를 대면하고 싶은 교사는 별로 없을 것이다. 사람은 대체로 자신이 속한 체제나 자기 자신에 대해서 누군가 불만을 토로하면 방어적인 태도가 되기 쉽다. 그러나 학부모가 학교나 교사 자신에 대해서 불만을 이야기할 때,

교사는 일단 방어적 태도가 아닌 공감적으로 이해하려는 상담자로서의 태도로 학부모를 대하는 것이 매우 중요하다. 불만을 가진 사람은 그 불만을 충분히 이야기하고 싶어 하고, 상대방이 충분히 들어 보지도 않고 변명이나 항변을 하면 자신을 이해하려는 마음이 부족하다고 느끼며 더 화가 나는 것이 보통이기 때문이다.

상대방이 자신의 불만을 충분히 듣고 이해하려는 태도로 진지하게 경청한다면 그것만으로도 화는 많이 가라앉게 되며, 상대방의 입장을 헤아리려는 마음이 생길 수 있다. 교사 자신에 대한 학부모의 불만까지도 공감적 이해와 수용의 자세로 진지하게 들어주는 것은 교사가 인격적ㆍ전문적으로 매우 성숙된 사람임을 나타내는 것이기도 하다.

자녀에 대한 불만을 교사에게 털어놓되 학부모 자신의 변화가 필요하다는 인식이 부족한 학부모도 교사가 자주 만나게 되는 유형 중의 하나다. 즉, '부모인 내가 어떻게 변화하여야 아이가 좀 더 바람직한 방향으로 변화할 수 있을까?'라는 의문을 가지고 있는 고객 유형의 학부모와 달리, 단지 '아이의 이러저러한 점이 마음에 들지 않는다.'에 그치거나 '아이의 문제는 다른 사람 탓이다.'라는 생각을 가지고 있으며, 자신의 행동이나 자신과 아동의 관계가 아이의 문제와 관련이 있다는 것은 인정하지 않는 경우다.

이러한 학부모는 교사가 진지하게 경청하고 공감적으로 이해하여 주면 처음에는 "선생님과 이야기하니 후련하다." "이해를 잘해 주시니 고맙다." 등의 반응을 보이지만, 나중에는 "선생님과 이야기하고 나서도 아이가 변하지 않는다."라고 다시 불평을 계속하기 쉽다. 그러므로 이런 학부모를 상담할 때는 학부모의 불평을 잘 듣는 데서 그치지 말고, 아동의 문제와 학부모 자신의 행동 및 부모-자녀 관계가 어떻게 관련이 있는지, 아동이 변화하기 위해 부모가 무엇을 시도할 수 있는지 등을 생각해 보도록 도울 필요가 있다.

🌱 방문자 유형 학부모

아마도 교사를 가장 좌절하고 서운하게 만드는 학부모가 이런 유형의 학부모일 것이다. 이런 유형의 학부모는 스스로 자녀교육을 위해서 상담을 요청하지 않을뿐더러, 교사가 아동을 위해서 노력하는 것조차 인정하지 않는 것처럼 보인다. 교사가 아동의 문제해결을 위해서 학부모에게 전화를 하거나 메모를 보내도 별 반응이 없거나 귀찮게 여기기도 한다. 교사가 학부모상담을 거듭 요청하여야 마지못해 학교에 오거나 전화를 받는다. 이들은 자녀에게 문제가 있다는 것을 인정하지 않거나, 자녀에게 문제가 있다고 인정하더라도 변화의 가능성을 믿지 않고 변화를 위한 개입에 관여하고 싶어 하지 않는다. 즉, 몸은 학부모상담장면에 와 있어도 마음은 상담에 참여하지 않는 상태다.

"작년까지는 우리 아이에게 그런 문제가 있다는 이야기를 한 선생님이 없었다." "아이가 집에서는 아무 문제없이 잘한다."와 같이 말하며 자녀에게 문제가 있음을 인정하지 않는 학부모의 경우에는, 교사의 판단이 옳음을 무조건 주장하기보다는 우선 교사가 문제로 생각하는 아동의 특성과 관련하여 학교 밖의 상황이나 과거에 아동이 어떤 구체적 양태들을 보여 왔는지를 보다 자세히 들어본다. 만약 부모가 구체적으로 알려 주는 아동의 행동 양태들이 학교에서 보이는 모습과 매우 다르다면 그 또한 아동에 대한 중요한 정보이기 때문이다. 예컨대, 수업시간에 매우 산만한 모습을 보이는 아동이지만 집에서 어머니와 함께 공부하는 상황에서는 매우 집중을 잘한다면, 집단적 상황이냐 개인적 상황이냐에 따라서, 혹은 지도하는 사람이 보다 엄격한지 아닌지에 따라서 아동의 집중도가 매우 달라짐을 나타내는 것이다.

학교 외의 상황이나 과거에 아동이 보인 행동양태들에 대해 부모에게 잘 들은 다음, 교사가 학교에서 아동에 대해 구체적으로 관찰·기록한 내용들, 교사의 지도내용 및 아동의 반응들, 변화의 추이 등에 대해서 누적적으로 기록한 자료들을 제시한다. 이때 교사는 자신의 판단이 옳았음을 부모에게 설득하려는 태도가 아니라, 현재 학년에서 아동이 학교 내의 다양한 상황에서 보이는 행동양태들을 부모에게 구체적으로 알려 주고 과거나 학교 외 상황에서 관찰된 행동양태들과 비교·종합하여 아동에 대하여 보다 정확하고 포괄적인 평가를 부모와 함께 이끌어 내고자 하는 태도로 임하여야 한다. 교사가 무조건 자신의 판단을 주장하지 않고 아동에 대해서 보다 종합적으로 판단하기 위하여 노력하는 자세로 부모의 의견도 존중하며 상담을 진행하면, 방문자 유형이었던 학부모의 대부분은 상담진행과 함께 고객 유형으로 변화할 수 있다.

자녀의 문제는 인식하고 있지만 변화의 가능성을 믿지 않거나 아예 자녀교육에 관심이 없는 학부모의 경우에는, 교사의 공감적 이해가 더욱 필요하다. 이런 학부모들은 대부분 자신의 삶에서 느끼는 좌절이 너무 크거나 삶의 기본적 필요들이 충족되지 못하여 부모 역할을 충실히 할 만한 여력이 없다고 느끼는 경우가 많다. 혹은 자녀의 문제 때문에 나름대로 오랫동안 고민하고 해결하기 위해 노력해 왔으나 반복적으로 실패했던 경험들 때문에 포기해 버린 경우들도 많다. 이런 학부모들은 교사의 무조건적 존중과 공감적 이해가 더욱 필요하며, 우선 부모가 자녀를 위해서 하고 있는 일이라면 아주 기본적이고 작은 것이라도 인정해 주는 것이 중요하다.

예컨대, 교사를 만나러 학교에 와 준 것, 아침에 아동이 학교에 늦지 않게 가도록 챙겨 주는 것, 준비물을 챙겨 주는 것 등 아주 기본적이고 작은 것이라도 인정해 주는 것이다. 사소하고 기본적인 것들이라도 이런 학부모들에게는 쉬운 일이 아닐 수 있기 때문에 이들이 기울인 노력과 관심을 인정하는 것이며, 이런 교사의 인정은 학부모가 좀 더 기운을 낼 수 있도록 북돋아 주는 효과가 있다. 힘들고 지쳐 있는 상황에서 나름대로는 애쓰고 있지만 별로 잘되고 있지 못하다고 느껴질 때, 누군가 자신이 애쓰고 있음을 알아주면 고맙고 기운이 나서 좀 더 잘해 보려는 마음이 드는 것이다. 앞 절에서 제시한 바와 같이 아동의 긍정적인 측면에 대해서 가끔씩이라도 부모에게 알려 주는 것도 이런 학부모들을 좀 더 힘이 나게 하고 그만큼 자녀교육에 더 많은 관심을 쏟게 하는 효과가 있다.

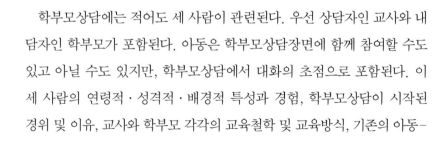

5. 아동과 부모의 특성 및 상황에 따라서 다양하게 접근하라

학부모상담에는 적어도 세 사람이 관련된다. 우선 상담자인 교사와 내담자인 학부모가 포함된다. 아동은 학부모상담장면에 함께 참여할 수도 있고 아닐 수도 있지만, 학부모상담에서 대화의 초점으로 포함된다. 이세 사람의 연령적·성격적·배경적 특성과 경험, 학부모상담이 시작된 경위 및 이유, 교사와 학부모 각각의 교육철학 및 교육방식, 기존의 아동-교사 관계, 부모-자녀 관계 및 부모-교사 관계 등이 모두 학부모상담에 영향을 미친다. 때로는 다른 아동이나 학부모 및 학교행정가도 학부모상담에 영향을 미치거나 고려해야 할 대상이 되기도 한다. 이처럼 복합적인 요인들이 관련되어 있기 때문에, 학부모상담이 성공적으로 이루어지기 위해서는 교사의 융통성 있는 접근이 필요하다.

🌿 학부모상담의 다양한 접근방법

학부모상담은 단순한 정보제공, 체계적인 학부모교육, 아동문제의 규정 및 명료화, 아동교육에 관한 조언, 학부모가 계획·의도한 방안에 대한 허용과 심리적 지원, 문제의 인식 및 해결을 위한 설득, 아동문제 해결을 위한 부모개입 과정에 대한 피드백과 코칭, 학부모의 감정해소 및 정리를 위한 도움, 아동 혹은 학부모의 심리적 문제해결을 위한 치료적 개입, 필요시 외부전문가에게 의뢰 등의 다양한 방식으로 이루어질 수 있다.

이러한 방식 중 한 가지가 주로 활용되는 경우도 있을 것이며, 여러 가지가 함께 활용되는 경우도 있을 것이다. 예컨대, 단순한 정보제공으로 시작된 학부모상담이 학부모의 심리적 문제해결을 위한 치료적 개입으로 이어질 수도 있고, 아동문제를 규정하고자 시작된 학부모상담이 아동문제의 해결을 위해 학부모를 코칭하는 과정으로 이어질 수도 있다.

🌿 학부모의 상황과 기대 및 느낌을 알아보라

학부모상담이 다양한 방식으로 이루어질 수 있다는 것은, 교사에게는 선택의 폭이 넓어 다행스러운 점이기도 하지만 다른 한편으로는 너무 많은 접근법 중에서 어떤 방식을 택해야 할지 몰라 혼란스럽게 느껴질 수도 있을 것이다. 이러한 혼란스러움을 해결하고 그때그때 가장 적절한 상담접근방법을 고안해 내는 것은 물론 상담자인 교사의 몫이다. 그러기 위해서 교사는 내담자인 학부모에 대해 알고자 하는 시도를 먼저 하여야 한다. 교사가 아무리 좋은 의도와 좋은 상담기술을 가지고 있다고 하더라도, 결국 내담자인 학부모가 교사의 도움을 잘 받게 되어야 학부모상담은 성공하는 것이기 때문이다.

우선 학부모상담을 하게 된 상황 및 그에 대한 학부모의 생각이나 기대, 느낌 등을 알아보아야 한다. 학부모가 상담을 스스로 요청한 경우라면 어떤 연유로 상담을 요청한 것인지 잘 경청한다. 교사나 학교에 대해서 불만을 토로하기 위해서인지, 문제는 없지만 자녀의 성장을 돕고자 교사와 전반적인 협조와 의논을 하기 위해서인지, 자녀에게 어떤 문제가 있어서 구체적으로 그 문제의 해결방안을 논의하기 위해서이거나 교사의 협조를 구하기 위해서인지, 문제가 있다면 무엇이 문제라고 보며 문제의 원인이 어디에 있다고 보는지, 교사의 협조를 구한다면 구체적으로 원하는 방안이 있는 것인지, 상담을 요청하는 이유와 상황에 대한 학부모의 전반적 느낌은 어떠한지 등에 대하여 잘 들어본다.

교사가 먼저 학부모에게 연락하여 학부모상담이 시작된 경우에도 학부모의 생각이나 느낌, 기대에 대해 잘 듣는 것은 마찬가지로 매우 중요하다. 우선적으로 전화나 편지를 통해서 학부모상담의 필요성을 교사가 전달한 것에 대한 부모의 생각과 느낌을 들어보는 것부터 시작하면 좋다.

"어제 제가 전화로 말씀드린 것 때문에 마음이 불편하시지 않았나 염려됩니다."
"지난주에 제가 편지로 말씀드린 것에 대해 어떻게 생각하셨는지 궁금합니다."

등의 말로 부모가 불안이나 불편감을 표현할 수 있도록 유도하고 잘 들어야 한다.

그와 더불어 교사가 학부모상담을 요청하게 된 경위를 자세하고 분명하게 설명하는 것도 중요하다. 그동안 아동에 대해 기록해 둔 일지의 내용들 또는 아동의 글이나 그림 등 구체적 자료들을 함께 제시하며 설명한다. 이때 아동의 문제점이나 잘못한 일들만 제시하지 말고, 아동의 장점이나 잘했던 행동 및 가능성에 대해서도 함께 포함하도록 주의한다. 비록 아동에게 문제가 발생하여 교사가 학부모상담을 요청하였더라도, 교사가 장점과 단점, 문제점과 가능성을 함께 지닌 존재로 아동을 보고 있으며 아동에 대한 깊은 관심과 사랑에서 학부모상담을 요청하였음을 부모가 느낄 수 있도록 해야 하기 때문이다.

어떤 상담이든 내담자가 언어적 · 비언어적 표현을 통하여 명시적 · 암시적으로 전달하는 생각, 느낌, 기대 등을 잘 듣는 것은 상담의 성공을 위한 필수과정이며, 이는 학부모상담에서도 마찬가지다. 학부모의 이야기를 잘 경청하며 학부모의 생각과 느낌 및 기대를 잘 이해하면 학부모를 돕기 위하여 어떤 접근방안이 주로 활용되어야 할지를 결정하기도 용이해진다.

🌿 예전에 학부모가 아동의 성장 및 문제해결을 위해서 시도했던 노력들을 알아보라

아동에게 문제가 없고 잘 성장하고 있다면, 그것은 분명히 학부모가 아동의 성장과 문제의 예방을 위해서 나름대로 여러 가지 노력을 기울이고 있었음을 뜻한다. 아동에게 어떤 문제가 있고 그 문제를 학부모가 인식하고 있었다면 교사와 상담하기 이전에 이미 학부모 나름대로 그 문제의 해결을 위해서 시도를 해 보았을 것이다. 만약 교사가 현재 문제로 인식하고 있는 아동의 행동이나 특성에 대해서 부모가 인식하지 못하고 있다 하더라도, 예전 성장과정에서 다른 문제를 경험했던 적이 적어도 여러 번 있었을 것이다. 문제없이 성장하는 아동은 아무도 없기 때문에 아동이 성장과정에서 문제를 겪었을 때 학부모가 문제해결을 위해서 어떻게 노력했는지, 또 그러한 노력의 결과는 어떠했는지를 알아보면 된다.

문제의 예방이나 해결을 위해서 학부모들이 시도하는 방법도 다양하다. 문제를 모른 척하고 무시하기, 문제행동을 지적하며 설명하고 설득하기, 문제행동을 할 때마다 벌주기(벌주는 방법과 정도도 매우 다양하다), 문제행동을 하지 않으면 보상을 주거나 보상에 대해 약속하기, 자부심을 북돋으며 좋은 행동 쪽으로 유도하기, 자존심을 깎아내려 분발하도록 자극하기, 동정심에 호소하기, 화내기, 문제가 발생하는 초기에 적극 개입하기, 스스로 문제를 깨닫고 돌이킬 수 있도록 기다리기, 유사한 아동의 이야기를 들려주기 등, 무수한 방안 중에서 부모들마다 자녀에게 주로 사용하는 방법이 있기 마련이다.

학부모가 자기 자녀에게 주로 사용하는 방법이 어떤 것들인지, 어떤 문제에 그런 방법들을 적용해 보았는지, 현재 학부모상담의 초점이 되는 문제에 대해서는 어떤 방법들을 적용하였는지, 그 방법들의 효과는 어떠하였는지, 부모가 원하는 도움이 무엇인지, 효과적 부모 역할에 방해가 되는 요인이 무엇인지 등을 알아보면 부모의 강점과 보완할 점을 알 수 있을 뿐 아니라 상담접근에서 어떤 방법을 사용하는 것이 효과적일지를 판단하기 수월해진다.

예컨대, 초등학교에 입학하기 이전에 자녀의 행동을 규제하기 위해서 주로 사용하던 훈육방법을 초등학교 고학년이 된 현재에도 적용하려 하나 효과가 없음을 발견하고 실망하는 학부모의 경우, ① 학부모의 실망감과 좌절감 해소와 심리적 지원, ② 초등학교 고학년 아동의 발달적 특성에 대한 정보제공, ③ 아동의 성장과 함께 훈육방식이 달라져야 함에 대한 교육, ④ 초등학교 고학년 아동의 행동규제를 위해 적합한, 다양한 방식에 대한 교육과 조언, ⑤ 학부모가 효과적으로 적용하던 방식을 아동의 연령에 적합하게 수정하는 방안의 탐색, ⑥ 수정된 방안의 실제적용과정 모델링, 연습 및 피드백 제공 등의 접근방안이 학부모상담 시에 활용될 수 있을 것이다.

🌱 학부모의 강점에 기반을 두고 조언하라

학부모상담에서 학부모의 상황과 생각 및 느낌 등에 대해서 교사가 공감적 태도로 잘 듣는 것이 매우 중요함을 앞에서 강조하였다. '잘 듣는 것'만으로도 많은 학부모상담이 성공할 수 있으나, 또 많은 학부모는 그에 더해서 교사의 조언을 원한다. 예컨대, 자녀가 저학년 때에는 부모 말도 잘 듣고 착한 아이였는데 요즘은 말도 안 듣고 부모에게 화를 자주 낸다고 하소연하는 부모는, 그런 자녀를 지도하기 위해서 어떻게 해야 좋은지를 교사로부터 조언받고 싶어 한다.

학교 외의 상담장면에서 상담자가 내담자에게 조언을 제공하는 것의 유용성에 대해서는 상담자의 이론적 입장이나 훈련배경에 따라서 의견이 다양하나, 학교에서 학부모상담을 하는 경우에는 조언이 중요한 기능을 할 수 있다. 조언을 통해서 학부모의 자녀교육에 유용할 수 있는 교사의 전문적 지식과 경험을 나누어 주는 것은 학부모에게 큰 도움이 될 수 있기 때문이다. 또한 우리나라의 문화에서는 교사가 전문적 조언을 잘 제공하면 학부모의 신뢰도를 크게 높이는 효과가 있다.

조언을 잘하기 위해서는 앞 절에서 설명한 것처럼 우선 해당 학부모가 예전에 시도해 보았던 노력이 무엇인지, 그중 비교적 효과가 있었던 방법에는 무엇이 있는지, 효과가 없었던 방법은 무엇이며 왜 효과가 없었는지 등에 대해서 학부모에게 잘 알아보는 것이 선행되어야 한다. 그러면 학부모의 강점과 자원에 대해서 파악하기가 쉬워져서 그 학부모가 실행하기 쉬운 맞춤형 조언을 할 가능성이 높아진다. 즉, 새로운 방안을 고안하고 설명하는 데 활용할 수 있는 기초자료를 찾을 수 있다. 부모의 기존 노력과 강점 및 자원을 확대 적용하거나 정교화하거나 일부 수정하여 새로운 방안을 고안하면 부모가 그 방안을 받아들이기도 쉽고 활용할 가능성도 훨씬 높아진다.

부모가 이미 사용한 용어를 포함하면 조언의 수용도를 높일 수 있다

상담 중에 내담자가 많이 사용하거나 핵심적으로 강조하는 용어를 살펴서 그 용어를 상담자도 함께 사용하면 내담자와 더욱 원활히 소통할 수 있다. 조언을 할 때도 그러한 용어를 포함하면 조언의 수용도를 높일 수 있다.

"어릴 때는 제가 시댁과 관계가 안 좋아서 애에게 신경을 많이 못 썼어요……. 그게 미안해서 유치원 때부터는 애 공부에 신경을 많이 쓰려고 저 나름대로 많이 애썼어요……."라는 식으로 아이에 대한 관심을 '신경을 쓴다.'는 방식으로 표현하는 학부모에게 조언하는 경우를 예로 들어 보자.

"어머니가 심리적으로 힘드셨을 때도 ○○에게 항상 신경을 많이 써 주신 덕분에 ○○가 공부의 기초가 잘 잡혀 있는 것 같아요……. 근데 이제 어머니가 ○○에게 신경 쓰시는 방식이 예전과 달라져야 할 시기가 왔다고 봅니다."와 같이 상담자도 '신경을 쓴다.'는 용어를 포함하면 학부모가 이해하기도 쉽고 인정받는다는 느낌도 가지게 된다.

예전과 달리 부모 말도 안 듣고 화도 자주 낸다고 하소연하는 부모의 경우를 예로 들어 보자. 자녀가 저학년일 때 부모가 어떤 훈육방법을 사용했으며 어떤 방식으로 대화를 했는지, 또 최근에는 어떤 훈육방법과 대화방법을 사용했는지, 자녀가 어떤 경우에 주로 화를 냈는지, 자녀가 화를 낼 때 부모가 어떻게 반응했는지를 잘 들어 보면, 이 부모의 강점 및 수정할 점 등을 찾아내기가 쉬워진다. 예컨대, 자녀교육에 많은 관심을 가지고 자녀의 행동을 일일이 점검하고 지시할 만큼 세심하다는 점은 이 부모의 강점이지만, 자녀의 연령에 따라 부모가 관심을 기울이는 방법을 조절하지 못한 점이나 자녀에게 독립성과 자율성을 좀 더 부여해야 하는 점에서 수정이 필요하다고 볼 수 있다.

이런 경우 다음과 같이 이야기할 수 있다.

"어머니께서 직장도 다니시고 집안일도 바쁘실 텐데 ○○의 교육에 항상 많은 정성을 기울이시니 ○○가 성격도 밝고 씩씩한가 봅니다. 부모님의 든든한 지원을 받는 아이라는 게 학교생활에서도 드러난답니다(부모의 강점과 아동의 장점을 관련지어 부각시킴). 그런 어머니의 관심과 세심한 보살핌이 이제 ○○가 고학년이 되어 가니까 점점 다른 방식으로 전달되어야 할 필요가 생긴 것이라고 보이는군요(수정이 필요한 점에 대한 교사의 판단과 조언을 제시하되, 부모가 그동안 잘못 지도했다는 식이 아니라 새로운 연령에 적합하게 부모의 방식을 수정할 필요가 생겼다는 식으로 제시함)."

위와 같이 조언을 시작하면, 학부모는 방어적일 필요 없이 교사와 구체적 수정방안을 찾아보려는 마음이 생기게 되며 교사의 조언을 더욱 기꺼이 받아들일 수 있게 된다.

🌱 예전에 조금이라도 해 보았던 방법이 전혀 새로운 방법보다는 실천하기 쉽다

해결중심상담접근에서는 문제가 있어도 항상 같은 정도로 있는 것이 아니라 문제는 심할 때가 있는 반면, 심하지 않을 때도 있고 문제가 예외적이나마 없었을 때도 있다고 보며, 이런 경우를 '예외적 경우'라고 부른다. 이러한 예외적 경우는 매우 드물게 일어났더라도 내담자의 가능성과 문제해결 가능성을 보여 주는 아주 중요한 정보를 담고 있다. 문제가 덜하거나 없었던 때는 다른 때와 어떻게 달랐는지, 전후 상황 및 행동반응을 면밀히 살펴보아서 찾아내고 그와 유사한 경우가 좀 더 발생할 수 있도록 시도하자는 것이다. 예외적으로 아주 조금이라도 해 보았던 방법을 다시 하는 것이, 전혀 새로운 방법을 시도하는 것보다는 쉬울 것이라고 보기 때문이다.

위에서 예로 든 자녀의 최근 반항과 화내는 것 때문에 힘든 학부모도, 자녀가 반항하거나 화를 냈을 때 어떤 경우에는 정말 어쩔 줄 모르겠고 매우 힘들었지만 또 어떤 경우에는 다른 때보다 조금이라도 더 잘 다룬 것 같은 적이 드물게나마 있었을 것이다. 후자의 경우가 드물었더라도 그때는 다른 때와 어떻게 달랐는지, 부모가 무엇을 다르게 했으며 상황은 어떻게 달랐는지 살펴본다. 예컨대, 아이가 화를 낼 때 금방 반응하지 않고 잠시 숨을 고른 다음 이야기를 했더니 아이가 화를 조금 덜 냈다든가, 등교시간에 아이가 화를 냈지만 그때는 아무 말 않고 저녁 식사 후에 아이 방에 들어가서 아침에 화낸 일에 대해서 이야기했더니 보통 때보다 반응이 좀 나았던 경우 등을 찾을 수 있다.

이런 경우들은 그대로 좀 더 시도해 볼 수도 있고, 보다 나은 방법을 제안하기 위한 기초자료로 삼을 수도 있다. 완전히 새로운 방법보다는, 이미 조금이라도 해 본 것을 기초로 하여 수정한 방법이 학부모 입장에서도 훨씬 부담 없고 실행 가능한 것으로 느껴지기 때문이다.

학부모가 받아들일 수 있는 형태로 조언하고 제안하라

앞에서 설명한 바와 같이 학부모가 받아들이기 쉽고 실천도 가능한 방법을 조언의 내용으로 선택한 후에는, 그 내용을 어떤 형태의 조언에 담아서 전달할 것인가를 결정해야 한다. 조언의 형태는 직접성의 정도에 따라, 직접적 지시("……게 해 보십시오."), 요청("……게 해 보시는 것은 어떠시겠는지요?" "……게 해 보실 의향이 있으신가요?"), 조건적 제안("만약 아이가 ~하기를 원하신다면 ……하시는 것이 중요합니다.")으로 나눌 수 있다.

조언의 직접성을 어느 정도로 할 것인지는 해당 학부모와 교사의 관계 및 학부모의 성향과 선호도를 고려하여 결정하는 것이 좋다. 학부모보다 교사가 나이도 많고 교사의 교직경력도 긴 경우라면, 교사가 학부모보다 나이가 적거나 교직경력도 짧은 경우에 비하여 보다 직접적인 형태의 조언을 쓸 수 있을 것이다. 그러나 학부모에 따라서는 교사의 연령이나 경력의 많고 적음에 상관없이 직접적인 지시 형태의 조언에 거부감을 느끼는 경우도 있다. 실천해 볼 만한 방법들에 대한 아이디어만 교사에게서 얻고 구체적으로 어떻게 실행할 것인지는 스스로 결정하고 싶어 하는 학부모라면, 이를 존중해야 한다. 반면 어떤 학부모들은 구체적이고 명확한 지침을 알려 주기를 바라는데, 이런 경우에는 직접적인 형태의 조언을 제시하는 것이 좋다.

아동이 좋아할 일은 아동 모르게, 아동이 싫어할 일은 아동 있는 데서 조언하라

교사가 학부모에게 조언하는 내용 중 일부는 아동이 좋아하거나 반가워할 것들이다. 어머니가 동생을 자기보다 더 예뻐한다고 질투를 느끼는 아동을 위해서 어머니가 매일 저녁 동생을 먼저 재운 다음 그 아동에게만 특별히 친밀한 시간을 가지도록 조언하는 것이나, 아이에게 지나치게 엄격하고 너무 완벽한 것을 요구하는 학부모에게 자녀를 좀 더 이해하고 수용적인 태도를 가지도록 조언하는 것 등이 이런 경우에 속할 것이다. 반면, 교사가 학부모에게 조언하는 내용 중 또 다른 일부는 아동이 적어도 일시적으로는 싫어하거나 부모-자녀 관계가 불편해질 수 있는 것들이다. 컴퓨터게임을 매일 오랜 시간씩 하고 늦게 잠자리에 드는 아동의 부모에게 교사가 아동의 컴퓨터게임 시간을 대폭 줄이도록 규제를 해야 한다거나 일정한 시간에는 반드시 잠자리에 들도록 해야 한다는 조언을 하는 것이 그 예다.

조언의 내용이 아동이 좋아할 내용인지 혹은 싫어할 내용인지는, 교사가 학부모에게 조언을 전달하는 자리에 아동을 참석시킬 것인지 아닌지를 결정하는 데 중요한 기준이 될 수 있다. 단순화해서 말한다면, 아동이 좋아할 내용이면 조언을 제시하는 자리에 아동이 참석하지 않는 것이 좋고, 아동이 싫어할 내용이면 아동이 그 자리에 함께 참석하여 조언의 내용을 듣는 것이 좋다.

아동이 좋아할 내용의 조언부터 살펴보자. 아동에게 좀 더 칭찬을 많이 해 주라거나, 아동을 껴안아 주거나 머리를 쓰다듬어 주거나 따뜻한 말로 사랑을 좀 더 적극적으로 자주 표현하라거나, 아동의 입장에서 이해하도록 노력하라거나, 좀 더 허용적이 되라거나, 학습시간과 양이 과다하니 좀 줄여 주라거나 등의 조언을 아동이 참석한 자리에서 교사가 학부모에게 전달한다면, 학부모가 조언을 따르려고 노력하더라도 아동에게 미치는 긍정적 영향이 줄어들게 된다. '선생님께서 시키셔서 엄마아빠가 내게 잘해 주시는 것이다.'라는 느낌을 피하기 어려울 것이기 때문에 교사에 대한 고마움은 느낄지 모르나 부모-자녀 관계를 개선하는 효과가 반감된다. 반면 그런 조언이 교사로부터 학부모에게 전달되는 것을 아동이 보지 못하면, 부모의 긍정적인 행동이 온전히 '부모의 노력'으로 아동에게 인식됨으로써, 부모-자녀 관계의 개선이나 그로 인한 아동 행동의 긍정적 변화 등 파급효과를 온전히 얻을 수 있는 것이다.

만약 아동이 좋아할 내용을 아동이 없는 자리에서 부모에게 조언했다면 부모가 따르지 않더라도 아동에게는 부모의 행동이 이전과 다름없을 것이므로 특별히 부모에 대한 생각이 변화하지 않아 부모-자녀 관계를 더 악화시키지는 않는다. 그러나 아동이 보는 앞에서 부모에게 조언했는데도 부모가 따르지 않는다면, 아동은 부모를 더욱 부정적으로 생각할 것이며 부모-자녀 관계도 더 나빠지게 된다. 이런 이유들로 인해서, 아동이 좋

[그림 2-5] 아동이 좋아하지 않을 법한 내용의 조언을 할 때에는
학부모와 아동이 동석하는 편이 더 좋은 효과를 낸다

아할 내용의 조언은 교사가 '얼굴 없는 천사'처럼 아동 모르게 학부모에게만 전달하는 것이 바람직하다.

반대로 아동이 싫어할 내용의 조언, 예컨대 게임시간을 줄이도록 엄격히 규제하라거나, 용돈을 달라는 대로 다 주지 말고 정해진 액수와 기간을 지켜야 한다거나, 하교 후에 반드시 숙제를 마치고서야 놀이를 할 수 있도록 해야 한다거나, 떼를 쓴다고 들어주면 안 된다거나 등 아동이 하고 싶은 대로 허용하지 않거나 싫은 것을 시키는 쪽의 조언은 아동이 참석한 자리에서 부모에게 전달하는 것이 대체로 도움이 된다. 학부모가 자신이 예전보다 더 엄격해지거나 덜 허용적인 방향으로 변화하는 것을 정당화시켜 주고, 따라서 아동과 불필요한 갈등을 줄일 수 있다는 이점이 있기 때문이다.

이런 학부모들은 자녀에게 확고한 선을 긋고 정해진 바를 따르게 하는데 서툴고 자녀가 하고 싶은 대로 끌려갔던 경향이 있기 때문에, 어느 날 갑자기 부모 혼자서 자녀에게 '이제부터 이러저러하게 해야 한다. 반드시 그대로 지켜야 한다.'라고 스스로 확고한 선을 긋기도 어렵고 자녀의 심한 반발에 맞서 정해진 바를 밀고 나가는 것도 어렵다. 교사가 아동이 보는 앞에서 "부모님께서 보다 확고해지셔야 합니다."라고 조언하는 것은, 정해진 바를 좀 더 확고하게 밀고 나갈 수 있도록(즉, 조언을 더 잘 따르도록) 학부모에게 압력을 가하는 것이기도 하다. 아동 앞에서 "좋은 학부모가 되려면 …… 해야 합니다."라고 한 것이나 마찬가지이기 때문이다. 혹시 아동이 싫어할 내용으로 교사가 조언한 바를 학부모가 따르지 않는다 하더라도, 아동이 싫어할 것을 부모가 하지 않은 것이므로 아동은 크게 개의치 않을 것이다.

6. 다룰 수 있는 문제로 만들고, 우선순위를 정하라

다른 상담과 마찬가지로 학부모상담도 목표를 분명히 가지고 이루어 져야 효율적이다. 학부모상담의 전체적 · 일반적 목표는 아동교육이 잘 이루어지도록 하기 위한 것이지만, 개별적 상담이 이루어지는 상황에 따라서 구체적 · 세부적 목표는 달라질 수 있다. 학년 초에 이루어지는 학부모상담에서는 아동의 특성 및 장단점에 대해서 교사와 학부모가 서로 이해를 깊이 하기 위한 것이 목표인 경우가 많지만, 학기가 진행될수록 아동의 어떤 문제를 해결 · 예방하기 위한 목표가 되는 경우가 많아지게 된다. 어떤 경우이든 학부모상담의 매시간 교사와 학부모가 머릿속에 분명한 목표를 설정하고 상담을 진행하는 것이 바람직하다.

학부모가 먼저 문제를 가지고 교사에게 상담을 요청하였다면, "오늘 어떤 점에 대해서 이야기하고 싶으신지요?" "제가 오늘 어떻게 도와드리면 될까요?" 등의 말로 부모가 불편하게 느끼는 점, 어려운 점, 도움을 원하는 점 등에 대해서 편안히 이야기할 수 있도록 하여, 상담에서 다룰 문제를 교사와 학부모가 함께 규정하도록 한다. 교사가 아동의 문제를 먼저 지각하여 학부모상담이 시작되었다면, "제가 부모님과 상담을 하고 싶었던 점은 ……입니다." 등의 말로 그날 상담에서 다룰 문제를 교사가 먼저 제시하여 학부모의 의견을 듣는다. 어떤 경우이든 학부모상담에서 다룰 문제는 교사와 학부모가 함께 규정하는 것이 좋다.

문제를 규정할 때는, '다룰 수 있는 문제'로 규정하는 것이 중요하다. 학부모상담에서 아동의 모든 문제를 해결할 수도 없고 학부모가 제시하는 개인적 · 가족적 · 상황적 문제의 모든 것을 다 해결할 수도 없다. 큰 문제는 작은 문제들로 나누어서, 추상적 문제는 그 문제가 드러나는 구체적 양태로 나누어서 규정하여야 문제를 다룰 수 있다. 예컨대 '학교에 적응을 못한다.'와 같은 문제는 너무 추상적이고 큰 문제라서 어디서부터 접근해야 할지 파악하기 어렵다. 학교에 적응을 못한다는 것이 어떤 영역에서, 어떤 행동들로, 어떤 모습으로 나타나는지를 구체적으로 알아보면 문제가 보다 분명하고 접근 가능한 형태로 규정될 수 있다.

다양한 문제가 공존한다면, 그중에서 교사와 학부모가 접근할 수 있는 문제들이 어떤 것인지를 찾아보는 것도 방법이다. 아버지가 가출하여 연락이 없고 어머니가 자녀와 함께 거주하며 생계를 위해서 어머니가 종일 일을 하느라 자녀를 돌보아 주지 못하며 아동은 지능도 낮고 학습에 흥미도 없으며 방과 후에 노는 아이들과 어울려 다니느라 밤늦게야 집에 돌아오는 경우를 예로 들어 보자. 아동의 낮은 지능이나 아버지의 가출에 상담의 초점을 맞춘다면 교사나 어머니 모두 무력감과 좌절감에 빠지기 쉽고 문제해결이 어렵다. 그러나 현재 상황에서 다룰 수 있는 문제를 찾는다면, 즉 방과 후에 노는 아이들과 어울리지 않고 몇 시간이라도 제대로 보낼 수 있도록 하기 위한 방안을 찾는 것으로 문제를 규정한다면, 방과 후 시간 보내기, 학습보충 방안 찾기와 흥미 높이기, 귀가시간 앞당기기 등 보다 낙관적이고 현실적인 문제해결이 가능해지는 것이다.

문제의 우선순위를 정하는 것도 문제를 다루기 쉽게 규정하는 방법 중의 하나다. 여러 가지 문제를 한 번에 다루려는 태도는 현실적이지도 않고 효율적이지도 않다. 여러 가지 문제가 공존하더라도 그중에서 가장 먼저 해결되어야 하거나 혹은 가장 중요하다고 보이는 것부터 먼저 다루도록 하는 것이 효과적이다. 한 가지 문제를 먼저 해결하고 나면 그것이 긍정적 파급효과를 가져와 나머지 문제들도 보다 쉽게 해결할 수 있다.

🍃 문제를 보는 시각을 바꾸도록 돕는 것도 상담이 줄 수 있는 도움이다

문제를 어떻게 규정하는지에 따라서 문제를 다룰 수 있는 정도가 달라지기도 하지만, 어떤 문제는 보는 시각을 바꾸면 문제가 아닐 수도 있다. 사람들은 일단 한 시각으로 문제를 보기 시작하면 그대로 시각을 고정화하는 경향이 있다. 이처럼 시각이 고정화되면 상황을 빨리 파악하는 편리성은 있을 수 있지만, 한쪽으로만 시각이 고착되어 상황과 문제를 다양한 측면에서 파악하지 못하면 문제해결 가능성은 그만큼 낮아지기도 한다.

학부모의 아동에 대한 시각이 고착화되어 있다고 보일 때 새로운 관점에서 볼 수 있도록 돕는 것은 학부모상담의 중요한 기능이 될 수 있으며 문제해결 가능성을 높이는 좋은 방안이기도 하다. '지능이 낮다.'라고 보면 별 해결 가능성이 없어 보이지만, '학습의 속도가 느리고 다른 아이들보다 많은 도움이 필요하다.'라고 보면 발전 가능성과 해결방안이 보인다. '매사에 느리다.'라고 보면 답답하지만, '매사에 신중하다.'라고 보면 좋은 특성으로 볼 수 있다. '반항적이다.'라고 보면 화가 나지만, '자기 생각이 뚜렷하고 주장이 분명하다.'라고 보면 장려할 일이다.

🍃 변화시키고 싶은 것뿐만 아니라 유지하고 싶은 것도 찾아보게 하라

어떤 아동이든, 어떤 학부모이든, 어떤 부모-자녀 관계이든 문제만 있는 것이 아니라 반드시 바람직한 측면도 있기 마련이다. 학부모상담이 대부분 어떤 문제가 있을 때 이루어지기 때문에, 학부모상담은 '변화(감소, 제거)시켜야 할', 즉 부정적 문제에 초점이 맞추어지는 경우가 많다.

그러나 문제를 규정하는 과정에서, 교사는 아동 · 학부모 · 부모-자녀 관계 등에서 유지되는 것이 바람직한 긍정적 측면에 대해서도 학부모가 관심을 기울이도록 도울 필요가 있다.

"지금 ○○와 어머니의 관계에서 그대로 유지되었으면 하는 점은 어떤 것들이 있습니까?" "○○의 성격 중에서 변하지 말았으면 하는 건 무엇인가요?" 등의 질문으로 긍정적 측면에 대해 관심을 기울이도록 하면, 문제에만 기울어진 시각을 바로잡아서 아동이나 부모-자녀 관계에 대하여 보다 균형 잡히고 낙관적인 태도를 가질 수 있게 함으로써 문제해결이 보다 수월해질 수 있다.

7. 추수적 만남을 통해 학부모를 지원하라

교육이 하루아침에 완성되는 것이 아닌 것처럼, 학부모상담의 성과도 한마디의 결정적 판단이나 한 번의 간단한 조언으로 금방 이루어지는 것이 아니다. 아무리 교사의 경력이나 학부모상담 경험이 풍부하더라도, 혹은 훌륭한 조언을 학부모 개인에게 꼭 맞춤한 말로 담아서 설득력 있게 제시하더라도 문제가 해결되려면 대체로 많은 시간이 필요하다. 또한 그 시간 속에는 문제가 나아지다가 다시 나빠지기도 하고 또다시 나아지기도 하는 과정이 반복적으로 포함되기 마련이다.

인간의 생각, 감정, 행동은 서로 얽혀서 영향을 주고받기 때문에 생각이 긍정적으로 변화하면 감정과 행동도 긍정적으로 변화할 수도 있지만 반대로 부정적인 감정이 생각과 행동을 다시 부정적인 방향으로 되돌릴 수도 있다. 또한 많은 문제는 이미 습관화된 행동이나 관계로 고착되어 버렸기 때문에 일시적으로 생각이나 행동을 바꾸더라도 그것이 새로운 습관으로 자리를 잡기까지에는 상당한 시간이 필요하고 어려움을 동반한다.

또한 아동교육과 관련된 문제들은 부모가 아동교육에 필요한 여러 사항이나 원리들을 잘 몰라서 그런 경우도 있지만, 아동교육의 중요한 사항이나 원리는 알지만 그것을 자기 자녀에게 적용하고 실천하는 구체적 과정이 원활하지 못하여 문제가 생기는 경우가 더 많기 때문에 한마디의 조언으로 간단히 해결되지 않는 것들이 많다.

따라서 교사는 학부모의 상황과 아동의 문제를 잘 이해하였고 조언도 적절히 잘 주었다고 생각되더라도, 아동의 문제가 금방 해결될 것이라고 기대하지 않는 것이 현실적인 태도다. 조언을 학부모가 적용하면서 어떤 점을 발견하는지, 적용과정상의 어려움은 무엇인지 등을 후속적 만남이나 전화·메일 등을 통하여 점검하고 의논할 수 있도록 한다. 더불어, 아동의 문제해결에 시간이 걸릴 수 있고 중간과정에서 퇴보하는 기간이 있을 수도 있음을 학부모도 알고 끈기 있게 노력을 지속할 수 있도록 학부모를 지원하고 격려하여야 한다.

8. 주변 자원을 활용하라

초등학교에서 교사는 담임학급에서 거의 모든 과목의 수업과 생활지도를 책임지고 이끌어 나간다는 것 때문에, 담임학급의 학부모상담도 혼자서 책임지고 잘 해내야 한다는 생각을 가지고 있는 것이 보통이다. 그러다 보니 경력이 적은 교사일수록 학부모상담에 대한 부담감을 크게 느끼는 경향이 있다.

그러나 학부모들 중에는 담임교사 혼자서 상담하기 어려운 사람들도 종종 나타나는 것이 현실이다. 이 책의 제3장에서 구체적 접근방안이 제시되겠지만, 기본적으로 교사가 기억해야 할 것은 굳이 담임교사 혼자서 학부모를 상담해야 하는 것은 아니란 점이다. 학교에는 학교행정뿐 아니라 교육이 전반적으로 원활히 이루어지도록 교사를 지원할 책임을 가지고 있는 교감선생님과 교장선생님이 있고, 경험이 풍부한 부장교사나 선배교사 및 전문상담교사 자격증을 가진 교사들도 함께 있다. 그런 자원들을 잘 활용하는 것도 담임교사로서 매우 현명한 일이다. 학급경영 및 아동의 생활지도와 학습지도뿐만 아니라 학부모상담을 위해서도 교장·교감선생님 및 부장교사와 선배·동료교사들에게 자문을 적극 구하고, 필요한 경우 학부모상담에 함께 참여해 줄 것을 요청하는 것도 좋다. 담임학급 아동과 관련된 일은 담임이 맡아서 해결하겠다는 책임감을 가지는 것과, 필요시 유용한 주변 자원을 활용하겠다는 지혜는 양립할 수 있다.

교사가 활용할 수 있는 주변 자원에는 학교 내의 자원뿐만 아니라 학교 외의 자원까지 포함된다. 학부모나 아동의 심리적 문제가 전문적 상담을 요하는 것이라고 판단되면, 적절한 전문상담자를 찾아서 의뢰하는 것이 좋다.

이때 학부모에게 전문상담자를 찾아가서 상담을 받으라는 권고만 하는 것보다는, 교사가 해당 분야 전문상담자의 이름과 연락처를 직접 알아보아서 학부모에게 전해 주는 것이 더 좋다. 대부분의 학부모들은 교사보다 그러한 정보에 어두울 뿐 아니라, 문제 때문에 힘들고 지쳐 있을 때에는 그런 정보를 찾기 위해 노력하는 것 자체가 어렵기 때문이다. 더욱이 교사가 그런 정보를 미리 찾아서 부모에게 전해 주는 것은, 교사가 아동이나 학부모를 귀찮거나 거부하는 마음에서 전문상담자에게 의뢰하는 것이 아니라 아동과 학부모를 진심으로 염려하고 돌보는 마음에서 의뢰하는 뜻임을 간접적으로 전달하는 것이기도 하다.

제3장
학부모 유형별 상담접근의 실제

이 장에서는 학부모를 유형별로 구분하여 상담을 진행할 때
의 유의점과 구체적 상담접근방안을 제시한다. 유형별 학부
모내담자의 특성, 상담의 구체적 상황을 이해하기 위해 고
려하고 유의해야 할 점 및 상담접근 시 장기적으로 지향해
야 할 목표가 제시된다. 이어서 장기적 목표를 이루어 가기
위한 단계적 목표와 구체적 상담접근방안이 제시되는 형태
로 이루어져 있다.

이 장의 내용은 앞의 제2장에 제시된 상담원리에 기초하여
학부모상담을 구체적으로 접근하는 방안이라 할 수 있겠으
나, 이 역시 유형별로 접근방안을 단순화하여 보여 주는 것
이므로 교사는 개별 아동과 학부모의 구체적 특성과 상황에
따라서 구체적 상담접근방안의 상대적 중요성을 결정하여
야 할 것이다.

제3장

학부모 유형별 상담접근의 실제

1. 자녀의 잘못을 인정하지 않고 교사가 아이를 미워한다고 여기는 학부모

 행동특성

- 자녀의 잘못이나 문제를 인정하지 않는다.
- 교사가 아동의 문제행동에 대해서 이야기하면, 진지하게 그 문제에 대해서 의논하기보다는 빨리 이야기를 다른 주제로 옮기려고 한다.
- 아동의 문제행동에 대해서 "애들이 다 그렇지." "그럴 수도 있지."라는 투로 반응한다.
- 아동의 문제행동에 대해 교사가 지속적으로 얘기하고자 하면 짜증을 내거나 불쾌하다는 표현을 한다.
- "작년까지 선생님들은 아이에게 문제가 없다고 했다." "집에서는 착하고 바르

게 행동한다."라는 식으로 문제를 부인한다.

- 교사에게 뭔가 다른 저의가 있는 것이 아닌가 의심한다.
- 교사의 경력이나 연령을 거론하며 교사 말의 타당도를 문제 삼으려
한다.
- 학교에서 교사의 지도력이 부족하거나 자기 자녀에게 온당치 못한
대우를 하여 자녀가 문제를 일으키는 것일 수도 있다는 암시를 한다.

유의점

① 자녀의 잘못을 인정하기는 어느 부모에게나 쉬운 일이 아니다. 특
히 우리나라처럼 자녀의 잘못은 곧 부모의 부적합을 뜻하는 것으로
인식하는 경향이 강한 사회에서는 더욱 그렇다. 학교라는 공식적 교
육기관에서의 적응도는 장차 사회생활의 성공 여부를 알려 주는 중
요한 지표라고 보는 학부모들이 많다는 것도, 자녀의 잘못을 인정하
고 싶지 않게 하는 원인이 된다. 그러므로 자녀의 잘못이나 문제를
인정하고 싶지 않은 학부모의 불편하고 불안한 마음을 교사는 공감
적이고 수용적인 태도로 이해하려고 노력해야 한다.

② 특히, 아동의 잘못에 대해 학부모를 비난하는 듯한 어투나 태도를
삼가도록 극히 조심하여야 한다. 아동의 바람직한 성장을 원하고
돕고자 하는 협조자로서 학부모와 교사가 함께 의논하고자 하는 의
도임을 분명히 전달하도록 노력한다. 또한 교사의 판단이 반드시
옳다고 주장하기보다는, 아동을 가장 사랑하고 잘 알고 있는 전문
가인 학부모의 의견도 충분히 존중하여 함께 최선의 평가를 내리도
록 하려는 태도가 전달되어야 한다.

③ 평소에 아동의 전반적 발달상황 및 적응도에 대해서 학부모와 교사의 의사소통이 적었을수록, 아동의 문제행동이나 잘못에 대해서 부모가 더욱 부정적으로 받아들이기 쉽다. 따라서 아동이 문제를 보이지 않을 때 가끔씩이라도 학부모에게 아동의 전반적 학교생활 및 적응도에 대하여 간단하게라도 알려 주도록 하는 것이 바람직하다.

④ 아동의 긍정적인 측면이나 잘한 행동에 대해서 교사가 칭찬한 적이 드물수록, 아동의 문제나 잘못에 대한 교사의 지적을 학부모가 불쾌하게 여길 가능성이 높아진다. 아동이 작은 것이라도 성취를 보이거나 바람직한 행동을 할 때 인정하고 칭찬하며 이를 학부모에게 전달함으로써, 교사의 아동에 대한 관심이 긍정적이고 균형 잡힌 것임을 알리는 기회를 자주 가져야 한다.

⑤ 아동의 잘못과 문제를 학부모에게 알릴 때, 아동 자체가 잘못되었다거나 아동 때문에 교사가 골치 아파한다는 느낌을 주지 않도록 주의한다. 아동에게 진정한 관심과 사랑을 가지고 있으며, 아동의 성장 가능성을 믿고 장점과 단점을 함께 가진 존재로서 아동을 보는 관점을 교사가 가지고, 아동의 보다 원만한 성장을 위해서 아동의 문제와 잘못을 교정하고자 하는 태도로 교사가 학부모상담을 진행하는 것임을 학부모에게 전달하여야 한다.

⑥ 학년 초부터 아동에 대해서 교사가 관찰 기록한 내용 및 아동의 행동양태와 성취를 보여 주는 다양한 자료 등 구체적 자료를 가지고 학부모와 이야기를 나눈다. 이 자료들은 아동의 긍정적 측면과 부정적 측면을 고루 포함하는 것이어야 하며, 장기간에 걸쳐 지속적으로 누적된 것일수록 도움이 된다.

🎁 상담의 장기적 목표

① 학부모와 교사가 아동의 교육과 성장을 위해서 서로 존중하고 협조하는 관계를 형성한다.

② 학부모와 교사가 아동에 대해 보다 객관적이고 합의 가능한 평가를 도출해낸다.

③ 학부모와 교사의 협조적 관계 속에서, 아동의 장점을 더욱 발전시키고 문제행동은 수정할 수 있는 방안을 고안하고 공동의 노력을 기울인다.

④ 문제해결 후에도 앞으로 생길 수 있는 문제를 예방하고 성장을 촉진하기 위한 협조적 의사소통을 학부모와 교사가 지속하도록 한다.

⑤ 학부모가 아동의 문제해결과 성장을 위해 지속적인 노력을 할 수 있도록 학부모의 노력을 인정하고 격려한다.

🎁 상담의 단계적 목표와 구체적 접근방안

단계적 목표	구체적 접근방안
1 아동의 잘못이나 문제와 관련하여 학부모상담을 하게 된 학부모의 불편한 심경을 이해하고 학부모가 최대한 편안히 느낄 수 있도록 배려한다.	1.1 학부모상담에서 교사는 상담자이며 학부모는 내담자임을 기억한다. 상담자로서 내담자를 편안히 맞듯이 진정성과 배려심을 담아서 학부모를 대한다. 1.2 다른 교사들이나 아동들에 의해 방해받지 않고 조용히 편안하게 이야기를 나눌 수 있는 장소에서 상담을 진행한다. 1.3 학부모상담을 위해서 학부모가 학교에 와 준 것에 대해서 진심으로 감사의 뜻을 전한다. 비록 학부모가 자녀교육을 위해서 최선을 다

해야 하고 학부모상담에도 기꺼운 마음으로 임하는 것이 바람직하나, 자녀의 문제 때문에 학부모상담을 하러 학교에 오는 것은 학부모에게 일단 심리적으로 힘든 일이며, 시간을 내기 힘든 경우라면 현실적으로도 힘든 일이기 때문이다.

1.4 앉을 자리를 권하고 간단한 음료나 차를 권하면서 어색한 분위기를 풀도록 한다.

2 전화나 편지 등을 통해서 학부모상담을 요청받고 학부모가 가졌을 생각과 느낌에 대해서 경청하고 이해하는 태도를 보인다.

2.1 자녀가 어떤 잘못을 저질렀다거나 문제행동이 있었다는 말을 듣고 학부모상담을 요청받은 학부모는 불안과 걱정, 수치심, 당황스러움 등을 경험하기 마련이다. "어제 제 전화받으시고 걱정 많이 하셨던 것 같아요." "갑자기 부모님을 뵙자고 해서 놀라시지 않았을까 걱정됩니다." 등과 같은 말로, 학부모가 문제 및 학부모상담과 관련하여 가진 생각과 느낌들을 표현할 수 있도록 유도한다.

2.2 이 단계에서 학부모가 과민하게 반응하거나 방어적인 태도를 보이더라도 교사는 잘 들어 주고 공감적으로 이해하는 태도를 견지하여야 한다.

3 아동에 대한 관찰 기록 및 자료들을 학부모에게 보여 주며, 아동에 대한 교사의 평가를 부모에게 전달한다.

3.1 비록 아동의 문제행동 때문에 학부모상담을 시작하게 되었더라도, 아동의 장점 및 긍정적 행동들에 대해서 먼저 언급하는 것이 좋다. 교사가 아동에 대해서 부정적 편견을 가지고 있는 것이 아니며, 아동의 장점과 단점을 균형 잡힌 시각으로 볼 수 있음을 학부모에게 전달할 수 있기 때문이다.

3.2 아동의 장점이나 긍정적 행동들에 대한 교사의 언급은 피상적이거나 인사치레 식으로 이루어지면 안 된다. 진정성이 담겨야 하며, 아

동에게 깊은 관심이 있음이 전해질 수 있어야 한다. 아동에 대한 기록 및 자료들을 보여 주면서 이야기하면, 아동의 장점에 대한 교사의 관심과 언급이 진솔한 것임을 전달하는 데 도움이 된다.

3.3 전화나 편지로 간단히 전달받은 아동의 잘못이나 문제에 대해서 학부모는 자세히 알고 싶을 것이다. 따라서 교사가 학부모상담을 요청하게 된 직접적 이유가 된 문제행동이나 잘못에 대해서 구체적으로 학부모에게 알려 준다. 이때도 구체적 기록 및 자료들을 활용하는 것이 좋다.

4 아동에 대한 교사의 평가와 시각에 대해서 학부모가 어떻게 생각하고 느끼는지를 질문한다.	4.1 아동에 대한 교사의 전반적인 평가 및 아동의 문제행동에 대해 교사가 이야기한 바에 대해서 학부모가 어떻게 생각하는지를 질문하고 그에 대한 학부모의 느낌도 표현할 수 있도록 한다.
	4.2 교사의 평가에 학부모가 동의한다고 대답하더라도, 구체적으로 어떤 점에서 동의하는지, 어떤 이유에서 그렇게 생각하는지 등을 보다 자세히 들어 보도록 한다. 학부모상담의 상황을 빨리 면하기 위해서 "선생님 말씀이 맞다." "죄송하다."라는 말로 끝내 버리지 않도록 주의한다.
	4.3 교사의 평가에 학부모가 동의하지 않는다면, 이를 불쾌하게 받아들이지 말고 진지하게 경청한다. 어떤 점에서 교사의 의견과 다른지, 그렇게 생각하는 구체적 근거가 무엇인지 등을 면밀하게 들어서 이해하려는 태도로 임한다. 이러한 교사의 태도는 학부모를 보다 협조적인 방향으로 이끌 수 있다.

5 학교 밖 상황 및 이전 학년에서 아동의 행동들에 대한 내용도 학부모에게 질문하여, 아동에 대한 종합적 평가가 가능해지도록 한다.	**5.1** 학교에서 보이는 아동의 행동특성과 관련하여 집에서 보이는 아동의 행동은 어떠한지, 지난 학년까지는 어떠했는지, 학교 밖 상황에서는 어떠한지 등을 학부모에게 질문하여 아동에 대한 정확한 평가가 이루어지도록 한다.
	5.2 학교 밖 상황 및 이전 학년에서의 아동행동에 대한 부모의 보고내용이나 의견이 교사의 판단과 다르다면, 아동의 학교 내 최근 행동이 왜 다른지를 부모와 함께 잘 추론해 본다. 인간의 행동은 상호작용적인 측면이 강하여 주된 상호작용 관계에 있는 인물의 성향과 반응 및 상황적 요인에 따라서 아동의 행동이 달라질 수 있다는 점을 고려한다.
	5.3 아동이 어떤 상황에서는 긍정적 행동을 잘 보이고 어떤 상황에서는 부정적 행동 및 문제를 잘 나타내는지, 아동의 강점과 자원은 무엇이며 취약점은 무엇인지 등을 학부모와 함께 종합적으로 평가해 본다. 학부모와 교사는 이러한 종합적 평가에서 귀중한 동료로서 서로 존중하며 상대방의 관점을 보완하는 기능을 하도록 노력해야 한다.
6 자녀를 지도하기 위해 학부모가 이전에 사용했던 방법의 구체적 내용과 그 효과에 대하여 알아본다.	**6.1** 학교에서 아동의 문제행동을 발견한 교사가 나름대로 문제해결을 위한 지도방법을 적용하는 것처럼, 학부모도 자녀의 문제를 해결하고 장점을 더욱 살리기 위한 지도방안을 나름대로 적용해 보았을 것이다. 학부모가 자녀의 지도를 위해서 사용했던 방법을 구체적으로 알아보고 그 효과를 살펴보면, 해당 아동에게 보다 효과적인 지도방안을 구안하는 데 큰 도움이 될 수 있다.

	6.2 학부모가 사용했던 방법 중에서 효과적이었던 방안을 더욱 정교화하거나 덜 효과적이었던 방안을 다소 수정하고 보완하는 것도 좋으며, 학교에서 교사가 해당 아동이나 다른 아동에게 적용했던 방법을 수정하는 것도 좋다. 중요한 것은 학부모와 교사가 함께 적합한 방안을 고안하기 위해서 협조적으로 노력하는 것이다.
7 학교와 가정에서 아동의 문제해결을 위해 시도할 방안에 대하여 학부모와 교사가 합의하고, 실험적으로 실행해 본다.	7.1 아동의 문제해결을 위해서는 학교와 가정에서 동시에 협조적으로 노력하는 것이 가장 효과적이다. 학교에서 교사가 아동을 위해서는 구체적으로 어떤 노력을 할 것이며 가정에서 학부모는 구체적으로 어떻게 노력할 것인지를 분명하게 규정하고 합의한다.
	7.2 합의된 방안을 한 주 정도 실험적으로 학교와 가정에서 각각 실행해 보기로 한다. 학교와 가정의 실행방안은 아동의 문제해결을 위해 서로 보완적이고 상승작용을 할 수 있도록 해야하며, 실행 가능한 현실적인 것이어야 한다.
	7.3 구안과정에서 미처 예상하지 못했던 문제점을 실행과정에서 발견하게 될 수 있으므로, 실험적 실시 이후에 다시 논의하기로 미리 약속을 정해 둔다. 미리 후속 상담시간을 약속해 두면, 아동의 문제해결을 위한 교사의 노력도 그만큼 진지할 것임을 보이는 것인 동시에, 학부모로 하여금 가정에서 좀 더 적극적으로 실행과정에 참여하게 하는 효과가 있다.
	7.4 만약 학부모가 직장 등을 핑계로 후속만남을 가지기 어렵다고 하면, 전화나 메일 등을 이용해서라도 반드시 후속적 의논을 지속할 수 있도록 약속한다.

8 실험적 실시 후 약속한 대로 다시 학부모상담 시간을 가져서 실행과정에서 발견한 바를 함께 의논한다.	**8.1** 실험적 실행과정에서 학교와 가정에서 각각 발견한 과정상의 어려움이나 새로운 깨달음들을 함께 나누도록 한다. 실행과정에서 어려움을 겪었다면 그 어려움을 어떻게 해결할 것인지를 의논하여 실행방안을 수정하고, 잘 실행되고 있다면 계속 실행할 기간을 정한다. **8.2** 계획한 대로 학부모가 실행하지 못했다 하더라도 질책하거나 비난하지 말고, 실행하지 못했던 이유와 어려움을 보다 자세히 잘 들어서 실행 가능한 방안을 새로이 찾도록 한다. **8.3** 즉각적인 효과가 나타나지 않고 변화가 더디더라도 학부모가 실망하지 않고 지속적으로 노력할 수 있도록 격려하고, 학부모의 노력 자체를 인정한다. 이러한 교사의 격려와 인정은 학부모가 자녀교육을 위하여 헌신하고 협조하도록 하는 데 매우 중요한 요인이 된다.
9 학부모가 아동의 긍정적 변화를 위해 가정에서 지속적인 노력을 할 수 있도록 피드백과 격려를 계속한다.	**9.1** 학교에서 아동이 아주 조금이라도 긍정적으로 변화하는 모습을 보인 것을 찾아서 학부모에게 전달함으로써, 학부모가 변화의 가능성과 희망을 보도록 돕는다. **9.2** 아동이 예전의 문제행동을 다시 보이는 경우가 생기더라도 실망하지 말고, 변화과정은 앞으로 두 발 나아갔다가 한 발 뒤로 물러나는 양상을 반복할 수 있음을 기억한다. 학부모에게도 장기적으로는 변화가 긍정적인 방향으로 이루어지고 있음을 인지하도록 돕고 격려한다. **9.3** 가능하다면 정기적인 만남이나 전화, 메일 등을 통하여 아동의 변화양상에 대하여 학부모와 지속적으로 정보를 교환함으로써, 긍정적 변화가 유지될 수 있도록 한다.

⑩ 문제행동이 해결되고 긍정적 변화가 유지되는 단계가 되면, 다른 행동이나 발달영역에 유사한 변화과정을 적용할 수 있도록 하여 성장을 촉진한다.	10.1 학부모상담의 직접적 원인이 되었던 문제행동이 해결되고 바람직한 변화가 유지된다고 판단되면, 그 과정에서 학부모가 깨달은 바를 아동의 다른 행동이나 발달영역으로 확장시킬 수 있도록 유도한다.
	10.2 성장과정에서 잘못을 저지르거나 문제를 겪는 것은 모든 아동에게 일어날 수 있는 일이라는 것과, 그런 문제의 해결을 통해서 아동도 더욱 성장할 수 있고 부모-자녀 관계도 발전할 수 있는 것임을 부모에게 전달한다. 학부모의 지속적 노력으로 아동이 긍정적으로 변화할 수 있었음과 아동의 성장 가능성을 확인하였음을 강조한다.

2. 교사나 학교를 불신하고 부정적 태도를 보이는 학부모

 행동특성

- 교사의 말을 불신한다.
- 교사의 교육철학이나 지도방안에 대해 부정적 태도를 보인다.
- 학교정책에 대한 불만을 강하게 표현한다.
- 자기 자녀에 대해서나 교육에 대해서 자신이 가장 잘 알고 있으므로 교사가 동의하여야 한다고 말한다.
- 교사가 아동들을 편애하거나 좋지 못한 저의가 있다고 의심한다.

- 교사의 학급경영 및 아동지도에 지나치게 간섭을 한다.
- 자기 자녀에게 특별한 대우를 해 줄 것을 요구하며, 그러한 요구가 받아들여지지 않는다고 생각되면 불만을 강하게 표현한다.
- 학부모가 원하는 대로 교사가 따라 주는 것이 옳다고 주장한다.
- 학부모의 뜻대로 교사가 해 주지 않으면 학교행정가 및 교육청에 빈번한 민원을 제기한다.

🎍 유의점

① 대부분의 학부모들은 자기 자녀에 대해서는 자신이 가장 잘 안다고 생각하고 자기 자녀의 교육에 대해서도 자신이 가장 옳은 방안을 알고 있다고 믿는다. 더욱이 최근에는 초등학교 입학 이전부터 교육에 열성적인 노력을 기울이는 학부모들이 많아지고 사교육을 활용하는 정도가 높아져서, 초등학교 교사조차 학부모가 원하는 것을 채워 주는 과외교사처럼 인식하는 학부모들도 많아졌다. 그러다 보니 이런 학부모들이 원하는 방식대로 교사가 해 주지 않을 때 교사의 말이나 행동을 불신하고 불만을 나타내는 경우도 늘어났다. 학부모들의 교육수준이 높아진 것도 한 원인이라 볼 수 있다. 그러나 교사는 항상 자신이 교육의 전문가임을 기억하고, 아동교육은 교사와 학부모가 함께하는 것이지 학부모의 생각대로 교사가 무조건 따라야 하는 것도 아니며, 반대로 교사의 생각대로 학부모가 무조건 따라야 하는 것도 아님을 인식하는 것이 중요하다.

② 물론 교사는 학부모가 자기 자녀와 아동교육에 대해서 가진 의견을 잘 경청하고 존중하는 태도를 보여야 한다. 그러나 한편으로는 교

사 자신의 교육철학과 교육방법을 분명하고 소신 있게 학부모에게 피력하고 교사로서의 권위를 지킬 수 있어야 한다. 교사가 아동교육에 대해서 중요하게 생각하는 바, 학급경영의 방안과 기본 철학, 학부모와의 의사소통 및 협조방안 등에 대해서 학부모총회나 설명서 등을 통하여 전달한다. 학부모의 의견도 존중하는 한편 교사 자신의 생각도 분명히 피력하며, 학부모와 교사 간의 협의를 통하여 아동 각 개인별로 가장 효과적인 교육방안을 찾을 자세가 갖추어져 있음을 전달하여야 하는 것이다.

③ 교사나 학교에 대해 특히 부정적인 태도를 지닌 학부모들은 직접 혹은 간접으로 학교나 이전 교사들과 관련하여 부정적인 경험을 했을 가능성이 있다. 흔히 '초등생 학부모살이'라고 불리는 경험담들을 간접적으로 접하거나 유사한 부정적 경험을 하게 되면, 이후 담임교사들의 자질까지 의심하고 학교와 관련해서는 매사에 부정적 태도를 보일 수 있다. 이러한 학부모들이라면, 간단한 말이나 편지로 전달되는 교사의 교육관을 그대로 쉽게 믿지는 않을 것이다. 그러나 교사가 아동의 학습지도 및 생활지도 전반에서 교사다운 훌륭한 자질을 일상적 · 지속적 행동으로 보여 주면, 이런 학부모도 교사와 학교에 대한 부정적 태도를 바꾸게 될 것이다. 다만, 교사의 노력에도 불구하고 이런 학부모의 부정적 태도가 한두 달 안에 바뀌기는 어렵다는 점을 인식하고 꾸준한 인내를 가지는 것이 중요하다.

④ 교사와 학교에 대해 부정적인 태도를 지닌 학부모들일수록, 교사의 사소한 실수에도 과민하게 반응하는 경향이 강하다. 그러므로 아동들이나 학부모들 눈에 일부 아동을 편애한다거나 일부 아동을 싫어하는 것처럼 보일 만한 말이나 행동 및 안일한 자세를 가진 교사로

비칠 만한 행동이나 말을 하지 않도록 조심하여야 한다. 그러한 말과 행동은 어떤 학부모들에게나 교사에 대한 존중감을 떨어뜨리는 것이지만, 교사나 학교에 대한 부정적 태도를 지닌 학부모들은 교사의 긍정적 말이나 행동의 중요성은 축소해서 인식하고 부정적 말이나 행동은 더욱 과장하거나 심각한 것으로 인식할 가능성이 높기 때문이다.

🪴 상담의 장기적 목표

① 교사나 학교에 대해 부정적인 태도를 가지게 된 학부모를 공감적으로 이해하고 수용한다.
② 학교에서의 일상생활을 통해서 교사에 대한 학부모의 신뢰가 회복될 수 있도록 한다.
③ 학부모가 교사에 의해 존중받는다는 느낌을 가질 수 있도록 하는 동시에 학부모도 교사를 존중하는, 상호존중의 관계를 형성할 수 있도록 한다.
④ 학부모와 교사가 아동교육에 관한 생각을 서로 자유롭게 나눌 수 있는 의사소통이 가능해지도록 한다.
⑤ 학부모가 자녀에 대한 특별한 대우 등과 같이 비교육적인 요구를 하는 경우 교사가 들어줄 수 없으며 학부모의 요구와 상관없이 교사는 모든 아동 각각에게 최선을 다할 것임을 분명히 전달하고 또 생활 속에서 일관성 있게 보여 준다.

🪴 상담의 단계적 목표와 구체적 접근방안

단계적 목표	구체적 접근방안
1 학부모가 교사나 학교에 대해 부정적 태도를 가지게 된 연유가 있을 수 있음을 이해하고 수용한다.	1.1 교사나 학교에 부정적 태도를 가진 학부모에 대해서는 교사도 불쾌감을 느끼고 대화를 나누고 싶지 않을 것이다. 그러나 교사는 한 해 동안 아동을 함께 지도해야 하는 학부모를 이해하고자 하는 상담자의 마음으로 대하려는 노력을 할 필요가 있다.
	1.2 교사나 학교에 대한 부정적인 태도를 학부모가 갖게 된 연유가 될 만한 부정적 경험을 했을 수 있다는 가정하에 대화를 시도해 본다. "혹시 교사들이나 학교에 대해 불편하고 화나셨던 경험이 있으셨던 게 아닌가 싶습니다." "혹시 제가 뭔가 부모님을 불편하게 해 드린 점이 있었던 것인지 걱정이 됩니다." 등의 말로 학부모가 부정적 경험을 이야기할 수 있는 기회를 열어 본다.
	1.3 학부모가 부정적 경험을 이야기하면, 교사나 학교를 방어하기보다는 학부모의 이야기를 잘 경청하고 공감적으로 이해하는 데 초점을 맞추는 것이 좋다. 교사의 수용적·공감적 이해의 자세야말로 학부모의 부정적 태도를 누그러뜨리는 데 가장 효과적이기 때문이다.
	1.4 학부모가 부정적 경험을 이야기하지 않거나 그런 경험이 없었다고 하면, 굳이 이야기하기를 종용할 필요는 없다. 교사가 학부모의 이야기를 경청하고 공감적으로 이해할 자세가 되어 있음을 보여 주는 것으로도 충분하기 때문이다.

2 교사의 교육관 및 교육방법에 대해 학부모에게 분명히 알려 주고 말과 실천이 일치함을 보인다.

[2.1] 교사나 학교에 대해 부정적인 태도를 가진 학부모들일수록, 훌륭한 교사를 만나기를 기대하는 마음이 강하다. 그러므로 교사가 확고한 교육관을 가지고 있음과 이에 걸맞은 훌륭한 교육방법의 실천이 생활 속에서 이루어지고 있음을 분명히 보여 줄 필요가 있다.

[2.2] 학년 초의 학부모총회나 정기적인 학부모 서신을 이용하여 학부모에게 교사의 교육관을 전달한다. 교사가 한 해 동안 아동교육을 위해 어떤 점에 중점을 두고 어떤 방식으로 노력을 할 것인지를 매우 진지하게 생각하고 있음이 전달되도록 한다.

[2.3] 교사가 피력하는 교육관이 일상의 학습지도와 생활지도 속에서 실제로 이루어지고 있음이 보이도록 해야 한다. 교사가 확고한 교육관을 가지고 있고 그러한 교육관이 일상 속에서 실천되고 있음이 아동을 통해서나 다른 학부모들을 통해서 인식되고 전해질 때 학부모의 부정적 태도가 변화될 수 있다.

3 학부모가 아동교육에 대해 가진 생각과 바람을 듣고자 노력한다.

[3.1] 교사가 확고하고 훌륭한 교육관을 가지고 있고 이를 실천한다고 해도, 아동교육이 교사 혼자만의 독단으로 이루어지는 것으로 인식되어서는 곤란하다. 아동 개인별 특성이나 상황에 따라서 조정되어야 할 점도 있으며, 학부모도 교육의 협조자이며 동반자로서 존중되어야 하기 때문이다.

[3.2] 교사가 각 아동의 고유한 특성과 상황을 이해하려 하고 이를 교육에 반영하려 노력

함과, 이를 위해 학부모의 의견을 존중하고자 하는 태도를 전달한다.

3.3 학부모가 아동교육에 대해 가진 생각과 바람은 교사의 교육관과 만나서 조정되고 협의되어 각 아동을 위한 최선의 방안으로 도출되도록 노력한다. 교사는 학부모가 원하는 대로 맞춰 주는 과외교사가 아니라 아동교육의 전문가임을 잊지 말아야 한다.

4 학부모의 신뢰가 회복되려면 시간이 필요함을 기억한다.

4.1 교사나 학교에 대해 부정적 태도를 가진 학부모가 다시 교사와 학교를 신뢰할 수 있게 되려면 상당한 기간이 소요된다. 또한 그 기간 동안 교사의 행동을 학부모가 조용히 지켜보고만 있지는 않을 것이다. 교사의 언행에 하자가 없음에도 불구하고, 교사에 대한 직접적 불만 표현이나 학교행정가 및 교육청 등에 민원을 제기하는 일도 생길 수 있다.

4.2 학부모의 불만 표현 및 민원 제기에 대해서 교사는 의연한 태도로 자신의 입장을 잘 전달하고 오해를 해소하여야 할 것이나, 학부모의 신뢰 회복에는 오랜 시간이 걸릴 수 있음을 기억하고 인내로서 기다리는 것이 필요하다.

4.3 자기 자녀에 대한 특별한 대우를 원하는 등 무리한 요구를 하는 학부모의 요구는 들어주지 말아야 교사의 권위를 유지할 수 있다. 다만, 그러한 요구를 들어줄 수 없는 이유를 정중하게 잘 설명함으로써 학부모가 여전히 존중받는다는 느낌을 가질 수 있도록 배려한다.

5 학부모와 교사가 아동교육을 위해 의견을 자유로이 나눌 수 있는 통로를 열어 둔다.

5.1 교사나 학교에 대해 부정적인 태도를 보이거나 불신하는 학부모라도, 교사는 아동교육을 위해서 학부모와 의견을 자유로이 나눌 수 있는 통로를 열어 두도록 노력한다. 교사로서 이런 학부모는 별로 만나고 싶지 않고 대화도 나누고 싶지 않겠지만, 이런 학부모일수록 자주 대화를 나누고 경청과 공감적 이해의 태도로 접근하여야 부정적 태도가 빨리 사라진다.

5.2 교사나 학교에 대해 부정적인 태도를 가진 학부모도 자녀교육에 대해서는 나름대로 열의와 관심을 가지고 있음을 인정하여야 한다. 부정적인 태도 이면에 있는 열의와 관심이 긍정적이고 협조적인 방식으로 나타날 수 있도록 하기 위해서는, 교사가 학부모를 아동교육의 협조자로 초대하고 존중하며 기꺼이 논의하고자 하는 태도를 보여야 한다.

5.3 교사와 학교에 대해 부정적 태도를 가진 학부모들은 교사가 아동교육을 위해 함께 논의하고 경청하고자 노력하더라도 처음에는 교사의 의도를 의심하거나 진지하게 받아들이지 않을 가능성이 많다. 그러나 교사가 포기하지 않고 지속적으로 노력하면, 이런 학부모도 교사의 제안과 노력이 아동에 대한 진정한 관심에서 나온 것임을 알게 된다.

3. 교사에게 폭언을 하거나 난동을 부리는 학부모

🪴 행동특성

- 교사에게 반말이나 폭언을 한다.
- 아동들 앞에서 교사에게 소리를 지른다.
- 교사를 협박하는 말을 한다.
- 교사에게 삿대질을 하거나 책상을 치는 등 폭력적인 행동을 한다.
- 수업시간에 교실 문을 함부로 열고 들어온다.
- 수업시간도 무시하고 수시로 전화를 해서 업무를 방해한다.
- 무리한 요구를 하고, 그 요구를 들어주지 않으면 가만있지 않겠다는 등의 말로 협박한다.

🪴 유의점

① 교사에게 갖추어야 할 기본적 예의를 벗어난 언행인 반말·폭언·협박·난동 등을 하는 학부모를 만나면 교사는 몹시 당황스럽고 수치스럽다는 느낌에 빠지게 되고, 침착하게 대응하기가 매우 힘들다. 또한 이런 일은 전혀 대책이 없는 상황에서 갑자기 발생하는 경우가 많아서 더욱 당혹스럽게 느껴진다. 아동들이 보는 앞에서 이런 일이 발생하면 교사로서는 더욱 힘들게 느껴질 수밖에 없다. 이처럼 당혹스러운 경험을 하게 될 때는 누구나 당황하고 어쩔 줄 모르게 된다는 것을 기억하고, 상황을 한걸음 멀리 두고 생각하면 대응할 수 있는 힘이 다소 강해질 수 있다.

② 교사에게 폭언을 하거나 난동을 부리는 학부모를 효과적으로 대응하려면 주변의 도움이 필요하다. 옆 교실의 동료교사, 경험이 풍부한 선배교사 및 부장교사, 교감과 교장 등 학교 내의 자원들을 활용하는 데 망설이지 말아야 한다. 필요하면 가까운 경찰서에 연락하여 경찰의 지원을 받는 것도 고려하여야 한다. 교사는 한 학급의 학습지도와 생활지도를 이끌어 나갈 책임을 지고 있으나, 비상식적이고 폭력적인 학부모까지 혼자서 감당할 필요는 전혀 없으며 교사도 필요시 보호를 받을 권리가 있기 때문이다.

③ 교사가 학부모의 폭언·난동을 경험하는 것은 아동들이 보는 상황에서 일어나는 경우가 많다. 그러므로 교사는 그러한 일이 아동들에게 미칠 영향에 관심을 두어야 한다. 아동들이 위험에 처하지 않도록, 겁에 질리지 않도록, 또 교사에 대한 존경심을 잃게 되지 않도록 신경을 써야 한다. 예컨대 교사가 눈물을 보이거나 심하게 당황하는 모습을 보이지 않도록 애써야 한다. 아동들을 돌보는 데 신경을 쓰면 교사 자신은 덜 당황하게 되고 대응력도 늘어나는 효과도 있다.

④ 학부모가 교사에게 폭언을 하거나 난동을 부리는 직접적 원인이 되는 사건을 크게 나눠 보면, 자기 자녀와 다른 아동과의 관계에서 발생한 문제이거나 혹은 교사가 자기 자녀를 대하는 언행과 관련해서 교사에게 직접적인 불만이 있는 두 가지 경우가 있다. 어느 경우이든 학부모가 화를 내는 원인에 대해서는 경청하고 이해하려는 노력을 해야 할 필요가 있는 반면, 폭언이나 난동은 학교에서 결코 용납될 수 없는 행동임을 모든 교사와 학교행정가가 합심하여 학부모에게 분명히 전달하고 그러한 행동이 재발하지 않도록 적절한 예방조치를 취하는 것도 중요하다.

🎁 상담의 장기적 목표

① 학부모의 불만 내용을 충분히 경청하고 이해하도록 노력해야 하나, 교사에게 부적절한 언행을 하는 것은 학교 전체에서 허용되지 않도록 교사뿐 아니라 학교행정가가 분명하고 확고한 태도를 견지한다.

② 학부모의 의견이 교사에게 온당한 통로와 방법을 통해서 전달될 수 있도록 한다.

③ 학부모가 학교 내로 들어올 수 있는 시간과 상황 및 학부모가 교사에게 전화를 할 수 있는 시간을 분명하게 알려 주고 그대로 확고하게 지킨다.

④ 동료교사, 학교행정가 및 치안관계자 등의 자원들이 필요한 경우 교사를 보호하고 지원할 수 있도록 지원체계를 마련한다.

🎁 상담의 단계적 목표와 구체적 접근방안

단계적 목표	구체적 접근방안
1 아동들과 교사의 안전을 최우선으로 고려한다.	1.1 학부모의 폭언이나 난동으로 아동들이나 교사의 안전에 위협이 되는지 판단한다. 1.2 가까이 있는 아동 중 믿을 만한 아동을 옆 반 교사에게 보내서 도움을 요청한다. 1.3 위험의 정도가 심각하다고 여겨지거나, 교사의 힘으로는 감당하기 어렵다고 판단되면 지체하지 말고 빨리 경찰에 신고하여 도움을 요청한다. 예컨대, 드물기는 하나 가끔 술에 취한 상태로 학교에 와서 난동을 부리는 학부모들이 있는데, 이런 경우에는 경찰의 도움이 필요하다.

2 대화를 나눌 수 있는 상황이라고 판단되면, 조용한 상담실 등으로 자리를 옮긴다.	2.1 학부모가 소리를 크게 지르거나 폭언을 하는 등 소란스럽기는 하나 위험 정도는 높지 않다고 보인다면, 조용히 이야기할 수 있는 장소로 옮겨서 대화를 나누자고 제안한다.
	2.2 장소를 옮길 것을 제안한 후에는, 학부모가 먼저 그 장소로 옮기기를 기다리지 말고 교사가 빨리 그 장소로 옮겨 가며 안내하는 동작을 취함으로써 학부모가 교사를 따라오도록 만든다.
	2.3 옆 반 교사나 시간을 낼 수 있는 다른 교사에 학급아동들을 잠시 돌보아 줄 것을 부탁해 둔다.
3 선배교사나 교감·교장 등이 대화장면에 함께 있도록 하되, 대화의 주도권은 교사 본인이 가지도록 한다.	3.1 폭언이나 난동을 부리는 학부모와 단둘만 상담실이나 동학년 연구실 등에 들어가지 않도록 주의한다. 학년 부장교사나 선배교사, 교감, 교장 등 적어도 한 명의 다른 교사가 함께 있도록 한다. 혹시라도 대화 도중 학부모의 흥분으로 인해 발생할 가능성이 있는 위험상황을 방지하는 효과도 있을 뿐 아니라, 나중에 학부모가 교사의 언행에 대해 잘못된 이야기를 퍼뜨리지 않도록 방지하는 효과도 있기 때문이다.
	3.2 다른 교사나 교감·교장이 함께 대화장면에 참석하더라도, 대화의 주도권은 교사가 가지도록 주의해야 한다. 다른 교사나 교감·교장이 학부모에게 이야기를 듣고 판단·사과·해결방안 제시 등을 주도하는 양태가 되지 않도록 한다. 교사 본인이 직접 학부모의 불만사항을 경청·이해·해결할 수 있는 능력과 자신감이 있음을 보여야 하며, 다른 교사나 교감·교장은 보다 객관적인 인물로 참여하는 양태가 되어야 한다.

4 학부모의 폭언·난동이 일어난 직접적 원인이 된 사건이나 상황에 대해서 학부모의 이야기를 경청한다.	**4.1** 아동들이 집에 가서 부모에게 학교에서 일어난 일을 이야기할 때는 자신에게 유리한 방식으로 각색하거나 전후 상황을 충분히 설명치 않고 어느 한 부분만 이야기하는 것이 보통이다. 그래서 실제 일어난 상황과 상당히 다르게 생각한 채로 학부모가 학교에 왔을 가능성이 많다.
	4.2 따라서 자기 자녀를 무시했다거나 처벌이 지나쳤다는 등 자녀에게 부당한 대우를 했다는 불만을 토로하는 경우에는 학부모가 알고 있는 내용이 어떤 것인지 구체적으로 잘 들어 본다. 이때 학부모가 가졌을 생각과 느낌 등에 대해서 잘 경청하고 공감적으로 이해하는 태도를 보인다. 이러한 교사의 태도만으로도 학부모의 흥분은 많이 가라앉을 수 있다.
	4.3 학부모의 이야기를 충분히 경청한 후, 그 사건의 실제적 내용, 관련되었던 전후 상황 및 교사가 했던 구체적 말과 행동 및 그 이유 등을 침착하게 설명하여 학부모가 오해를 풀 수 있도록 한다. 이때 교사는 자신의 입장을 방어하려 하거나 아동을 비난하는 듯한 태도를 보이지 않도록 주의한다.
5 침착성을 잃지 말고, 학부모가 무리한 요구를 할 빌미를 주지 않도록 주의한다.	**5.1** 드물기는 하지만 가끔 교사의 사소한 잘못을 빌미로 삼아서 무리한 요구를 하는 학부모들도 있다. 만약 교사가 명백히 실수한 점이 있다면 정중하게 사과하고 다시 그런 일이 일어나지 않을 것임을 약속해야 하지만, 혹시라도 학부모가 엉뚱하고 무리한 요구를 할 빌미를 주지 않도록 주의한다.

	5.2 학부모의 흥분을 빨리 가라앉게 하기 위하여 무조건 사과부터 하고 무마하려는 시도를 하는 것은 현명하지 못하다.
6 학부모가 앞으로 자신의 의견을 교사에게 전달할 수 있는 통로를 알려 주고 그대로 지켜 줄 것을 정중히 요청한다.	6.1 학부모의 갑작스러운 방문으로 인해 수업에 지장이 생기고 아동들이 많이 동요하게 되었음을 생각해 보게 한다.
	6.2 앞으로 교사에게 전달할 의견이 있을 때 어떤 방식으로 해 주기 바라는지를 정중하고 분명하게 요청한다.
	6.3 학부모가 난동을 부렸던 자신의 입장을 옹호하기 위해서 다시 사건을 들추거나 말싸움을 하게 되는 상황에 빠지지 않도록 주의한다. 단지 앞으로 어떻게 학부모의 의견을 교사에게 전달해 주었으면 하는지를 밝히는 것뿐이라고 간단명료하게 말함으로써, 더 이상 학부모가 논란을 지속하지 않도록 한다.
7 교사에게 전화를 할 수 있는 시간 및 학교를 방문할 수 있는 시간과 상황을 학교 전체가 분명히 정하고 일관성 있게 지키도록 한다.	7.1 수업시간도 가리지 않고 전화를 해서 교사의 업무를 방해하는 학부모들이 생기지 않도록 학부모들에게 미리 통화 가능시간을 분명히 알려 주고, 그 외의 시간에는 유무선 전화를 일절 받지 않음을 주지시킨다.
	7.2 혹시 수업시간 등에 불쑥 찾아와 수업을 방해하는 경우가 생기지 않도록 전체 학부모에게 알리고, 학교행정가 등의 협조를 받아서 일관성 있게 지키도록 한다.
	7.3 학교의 규칙을 어기고 막무가내로 수업을 방해하거나 난동을 부리는 학부모는 경찰의 도움을 받아서라도 학교에 들어올 수 없도록 전체 교사와 학교행정가가 함께 확고한 태도를 보여야 한다.

8 학부모와의 상담이 끝나는 대로 가능한 한 빨리 아동들에게로 돌아가서 정상적 일과를 지속한다.	8.1 학부모가 찾아와 소리를 지르는 등 난동을 부리고 담임이 그 학부모와 상담하기 위해서 교실을 비우고 있으면 그동안 다른 교사가 아동들을 돌보고 있더라도 아동들은 불안할 수밖에 없다. 따라서 교사는 가능한 한 빨리 아동들에게로 돌아가서 침착한 태도로 아동들을 안심시켜야 한다.
	8.2 학부모와 선생님이 이야기를 나누었고 잘 해결되었다고 간단히 아동들에게 말해 준다. 이 과정에서 해당 학부모나 그 자녀를 비난하는 투의 말을 하지 않도록 주의한다.
	8.3 아동들이 놀랐고 겁에 질렸을 수 있었음을 교사가 잘 알고 있고 이해함을 전달하고, 교사가 교실을 비운 동안 잘 행동해 준 것에 대해서 감사를 표시한다.
	8.4 교사가 침착하게 정상적 일과로 되돌아감으로써 아동들도 빨리 정상을 되찾을 수 있도록 배려한다.

 ## 4. 자녀에게 무관심한 학부모

🎁 행동특성

- 자녀에게 학교에서 필요한 준비물을 챙겨 주지 않는다.
- 자녀의 알림장을 잘 확인하지 않는다.
- 시간이 없다고 하면서 교사와의 상담을 회피한다.

- 자녀의 문제행동에 대해 대수롭지 않게 생각하거나 별다른 반응을 보이지 않는다.
- 자녀의 행동변화 가능성을 믿지 않는다.
- 자녀에게 기대하는 바는 크지만 직장 등의 이유로 아이에게 소홀할 수밖에 없다고 한다.
- 자녀의 문제행동을 해결하려고 시도하지 않는다.
- 자녀교육에 대해 무지한 자신을 자책한다.
- 삶이 너무 힘들어서 부모 역할을 충실히 할 여력이 없다고 하소연한다.

🪴 유의점

① 어느 부모나 자녀가 잘되기를 바라는 것은 마찬가지일 것이다. 그러나 학부모 개인의 성향이나 문제, 혹은 가정 내의 경제적 여건이나 문제 상황으로 인하여 자녀에게 관심을 두지 못하고 애정 표현이나 격려도 인색한 부모가 있을 수 있다. 이런 부모들은 자녀가 학교에서 문제를 일으키거나 잘못을 하여도 대수롭지 않다는 반응을 보이거나, 상담을 요청하여도 시간이 없다는 이유로 상담 자체를 회피한다. 이런 경우 교사가 제일 난감할 것이다. 학교에서의 아동의 문제행동은 교사가 나름대로 해결한다 하더라도 아동에게 진정으로 바람직한 변화를 일으키려면 가정과 학교에서 교육과 해결방식이 통일된 모습을 갖추어야 한다는 것을 알고 있기 때문이다. 따라서 무엇보다도 이런 비협조적인 학부모의 경우 일단 학부모를 학교에 오도록 하는 일이 무엇보다도 우선되어야 한다. 몇 번씩 상담을 요청해도 응답이 없다고 포기하지 말고 지속적으로 관심을 보이

고, 교사가 자녀의 문제행동을 해결하고자 하며, 보다 바람직한 방향으로 이끌고자 하는 의지가 있음을 분명하고 꾸준한 태도로 표현하게 되면 마지못해서라도 학부모상담에 응하게 될 것이다.

② 이런 부모들에게는 상담요청을 할 때 일차적으로 알림장이나 서면, 이메일과 같은 일방적 방법을 사용한 후 응답이 없거나 거절 반응이 온다면 전화를 통해 직접적으로 요청하는 것이 좋다. 시간이 없거나 바빠서 안 된다고 하면 학부모의 시간에 맞출 수 있으니 언제가 좋겠냐며 먼 일정이라도 약속을 잡아 두는 것이 필요하다. 이런 부모의 경우 실제 바쁘기보다는 교사와의 만남을 회피하려는 경우가 많기 때문이다. 물론 교사의 입장에서는 여러 가지 직무로 바쁜데 이렇게까지 할 필요가 있을까라는 회의가 들 수 있지만 이런 부모의 경우 일단 학부모상담장면에 오게 되어 교사와 협력관계를 맺고 유지하게 되면, 아동의 행동에 적응적인 변화를 보다 쉽게 유도해 낼 수 있어 상담효과가 기대 이상인 경우가 많다.

③ 이런 부모들은 교사의 요청으로 학교에 오더라도 마지못해 오는 경우이므로, 교사가 오랫동안 아동문제에 고심하고 노력하고 있다는 것을 인식하지 못하는 듯한 행동과 태도를 보여 교사를 서운하게 하고 좌절시킬 수도 있다. 또 '이런 부모니까 아동에게 그런 문제를 유발하게 만드는구나.'라는 생각이 들 수도 있다. 그렇지만 이런 학부모와 학부모상담을 할 경우(물론 다른 학부모상담에서도 마찬가지이기는 하지만), 교사는 상담자라는 의식을 가지고 내담자는 심리적으로 좌절해 있으며 자녀교육에 있어 무력감을 느끼는 고통받는 학부모임을 인식해야 한다. 즉, 무관심한 학부모를 상담하는 교사는 학부모의 깊은 좌절을 이해하려는 자세가 필요하다. 부모 자신의

삶에서 좌절이 지나치게 큼으로써 자녀교육에 무관심해졌거나 자녀의 거듭되는 문제나 지난 노력의 실패로 인하여 지쳐 버린 학부모야말로 무조건적인 존중과 공감적 이해의 태도를 지닌 상담자를 필요로 하는 사람이기 때문이다.

④ 해결중심상담접근에 따르면 이런 유형의 학부모내담자에게 상담자와 관계 형성을 하는 데 있어 가장 중요한 것은 내담자의 아주 사소한 것이라도 찾아내어 인정해 주고 격려해 주는 것이다. 예를 들면, 자녀를 위해 바쁜 가운데 교사를 만나러 와 준 점이나 아동이 학교에 제시간에 올 수 있도록 해 준 점 등을 인정해 주는 것이다. 힘들고 지쳐 있는 상황에서 누군가 자신을 위로해 준다면 고맙고 기운이 나 더 잘해 보려는 생각이 들 것이다.

⑤ 이런 학부모의 경우 아동의 문제보다 부모 자신의 문제가 더 심각해 보일 수도 있다. 자신의 양육태도에 대한 인식이 부족한 학부모라면 학부모 자신의 자녀양육의 모습을 객관적으로 비춰 주는 것이 도움이 될 수 있다. 교사가 상담자로서의 준비가 되어 있다면 직접 학부모를 도울 수 있지만, 아동문제해결 관점에서 벗어나 부모 자신의 문제를 다루어야 할 필요가 있다고 판단이 되면 외부 전문상담기관의 잘 아는 상담자를 소개하고 부모상담을 받도록 정중하게 권하는 것이 좋다. 학부모 입장에서 교사가 자신을 문제부모라고 생각한다고 오해하여 불쾌감을 나타낼 수도 있지만, 부모 자신의 문제해결은 보통 그 자녀에게도 좋은 결과를 가져오게 되므로 부모 자신의 문제가 해결되도록 돕는 것도 아동을 돕는 길이 될 수 있다는 자세로 부모의 입장을 수용하고 공감하면서 진지하게 권유하는 것이 필요하다.

⑥ 또한 자녀의 문제와 관련하여 시작한 상담이 학부모 자신의 문제로 초점이 맞춰지는 경우(학부모가 자신의 문제에 대해 언급하기를 원하는 경우) 교사의 입장에서는 당황스럽고 상담이 올바른 방향으로 가고 있는지에 대해 혼란스러울 수 있다. 그러나 대부분의 경우 학부모 자신의 문제에 초점을 맞추더라도 오래 지속되지 않고 어느 정도 시간이 흐르면 다시 자녀의 문제로 돌아가는 것이 보통이다. 부모 자신의 문제가 해결되면 결과적으로 자녀에게도 좋은 영향을 미치게 되므로 일단 자연스럽게 부모의 이야기에 반응하며 경청하는 것이 바람직하다.

⑦ 이유야 어떻든 자녀에게 무지하거나 무관심한 부모일 경우 아동의 전반적인 학교생활에 대해 부모에게 자주 알림으로써 아동의 학교생활에 관심을 갖도록 유도한다. 사소한 것이라도 이전에 비해 나아진 점이나 나름대로 노력하고 애쓰고 있는 점, 다른 아동들에게 도움을 주거나 인정을 받은 점 등, 아동의 긍정적인 측면에 관심을 두고 지속적으로 관찰한 결과를 부모에게 자주 전달하여 부모도 자녀의 긍정적인 면에 관심을 기울이도록 모범을 보이는 것이다. 이런 부모일수록 삶 속에서 좌절과 고통을 경험했을 가능성이 높다. 그래서 자녀에게 관심을 둘 여지가 없었을 수도 있고 자녀의 문제로 인해 좌절하여 그 고통을 회피하고자 무관심해졌을 수도 있다. 따라서 교사가 칭찬이 담긴 메시지를 전달하는 것은 부모에게 힘을 줄 뿐만 아니라 이후 학부모상담에 보다 협조적이도록 만들 수 있다.

🪴 상담의 장기적 목표

① 부모로서 깊은 좌절감, 무력감 등 학부모의 부정적인 정서를 해소하고 자녀의 문제를 인식할 수 있도록 심리적으로 지지한다.

② 학부모가 부모로서 긍정적인 자기개념을 갖고 부모 역할을 다하도록 조력한다.

③ 아동의 성장과 교육적 발달을 위해 학부모와 교사가 서로 협력관계를 유지한다.

④ 학부모가 자녀에게 관심을 기울이는 태도와 방법을 습득하도록 조력한다.

⑤ 학부모가 아동의 성장 가능성을 믿고 아동의 문제해결과 성장을 위해 지속적인 관심을 갖고 노력을 할 수 있도록 학부모의 노력을 인정하고 격려한다.

🪴 상담의 단계적 목표와 구체적 접근방안

단계적 목표	구체적 접근방안
1 학부모상담을 하게 된 학부모의 불편한 마음을 이해하고 학부모가 최대한 편안히 느낄 수 있도록 배려한다.	1.1 무관심한 학부모의 경우 학부모상담에 임하더라도 교사의 몇 번의 요청 끝에 마지못해 왔을 것이므로 어느 학부모보다도 심리적으로 불편하고 부담스러울 것이다. 이 경우 처음에는 상담을 거절했지만 그래도 자녀를 위해 어려운 결정을 내려 준 것에 대한 깊은 감사를 전달하고 진정으로 환영하는 표정과 행동을 표현하여 학부모를 조금이라도 편안하게 해 준다.

	1.2 다른 사람들에게 방해받지 않는 조용하고 편안한 장소를 선택해 이동한다. 간단한 차를 권하며 긴장을 풀 수 있도록 대화를 유도한다.
	1.3 이런 부모의 경우 대화참여에도 소극적일 가능성이 많다. 그렇다고 교사 혼자 일방적으로 대화를 이끌기보다는 자녀에 관한 간단한 질문을 통해 학부모가 대화에 참여하도록 유도한다. 답변이 바로 나오지 않더라도 여유를 갖고 기다려 주는 것이 필요하다.
2 학부모의 현재 상황과 자녀에 대한 생각 및 느낌을 확인함으로써 학부모에 대해 폭넓게 이해한다.	2.1 특히 무관심한 부모의 경우에는 학부모가 어떤 사람인지 자녀에 대해 어떻게 생각하고 있고 어떤 심정으로 자녀를 대하는지, 자녀에 대한 기대가 무엇인지 등 학부모에 대해 알고자 하는 시도를 먼저 하여야 한다. 내담자를 제대로 파악해야 그에 합당한 상담전략과 방법을 구사할 수 있다.
	2.2 상담을 요청받고 학부모가 가졌을 생각과 느낌에 대해 질문하고 이를 경청한다. 만일 학부모가 처음 상담요청을 거절했다면 교사를 만나게 되는 과정이 더 힘들고 불안했을 것이며 교사에게도 쑥스러운 마음이 들 것이다. "제 전화 받으시고 걱정 많이 하셨지요? 학교에서 아이에 대해 전화 오면 겁부터 난다고 하시던데 많이 당황하셨지요?" 등의 말로 학부모가 자녀의 문제 및 학부모상담과 관련하여 가진 생각과 느낌들을 자유롭게 표현할 수 있도록 한다.
	2.3 이 단계에서 이러한 학부모는 침묵으로 반응하거나 방어적인 태도를 보일 수 있다. 학부모의 비언어적인 반응에도 전달하고자 하는 메시지는 담겨 있으므로 이런 학부모의 불편

한 심경을 공감적으로 이해해 주고 답변이 바로 나오지 않거나 우물대더라도 채근하지 말고 상대를 존중하는 자세로 기다려 준다.

| **3** 학부모상담을 요청하게 된 경위를 설명하고 아동에 대한 교사의 평가를 부모에게 전달한다. | 3.1 이 단계에서는 우선 아동의 문제행동을 언급하기 전에 아동에 대한 교사의 종합적인 평가를 전달하는 것이 좋다. 이때는 문제나 잘못한 점보다는 아동의 장점과 강점 등에 대해 먼저 언급한다. 이를 통해 교사가 아동에 대해서 부정적 편견을 가지지 않고, 아동의 긍정적 · 부정적 측면을 모두 파악하고 있다는 것을 학부모에게 전달할 수 있다. 또한 교사가 아동에게 관심을 가지고 있다는 것을 암시적으로 전달하고 부모로 하여금 자녀에게 관심을 갖는 방법을 제시해 주는 효과도 있다. |

3.2 따라서 아동의 장점이나 강점에 대한 언급은 피상적이거나 의례적인 수준에서 이루어지지 않도록 주의한다. 아동에 대한 추상적 평가보다는 구체적 실례를 중심으로 제시하여 아동에게 깊은 관심이 있음이 전해질 수 있어야 한다. 예를 들면, "성격이 좋다."라는 것보다는 "언제 친구 ○○를 어떻게 도와주는 것을 보았는데 참 마음이 따뜻하고 배려심이 많아 보였다."로 표현하는 것이 좋다.

3.3 전화나 편지로 전달받은 아동의 잘못이나 문제행동에 대해서 학부모는 궁금해한다. 따라서 교사가 학부모상담을 요청하게 된 직접적 이유가 된 문제행동이나 잘못에 대해서 구체적으로 학부모에게 알려 준다. 이때는 아동의 문제행동과 관련된 구체적 기록 및 자료들을 보여 주는 것이 효과적이다.

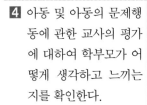

4 아동 및 아동의 문제행동에 관한 교사의 평가에 대하여 학부모가 어떻게 생각하고 느끼는지를 확인한다.

[4.1] 아동에 대한 교사의 전반적인 평가에 대해 학부모가 어떻게 생각하는지를 질문하고 그에 대한 학부모의 느낌도 표현할 수 있도록 한다.

[4.2] 무관심한 부모의 경우 아동에 대한 교사의 평가가 그동안 생각지도 못했던 부분이라면 더욱 당황하고 받아들이기 힘들어할 수 있다. 집에서는 그렇지 않다고 부정하더라도 불쾌해하거나 학부모를 설득하려고 하기보다는 왜 그렇게 생각하는지에 대해 진지하게 경청하는 자세를 보인다. 그럼으로써 자녀의 행동과 자신에 대해 학부모 스스로가 진지하게 생각해 볼 수 있는 기회를 제공한다.

[4.3] 이런 부모의 경우 중 일부는 "다음에는 이런 일이 없도록 주의하겠다." "죄송하다."는 말로 되도록 빨리 상황을 종료하려고 할 수 있다. 이 경우에도 구체적으로 왜 그런 행동이 나타났다고 생각하는지, 그에 대해 부모님은 어떤 기분이 드는지 구체적으로 표현하도록 유도한다.

[4.4] 이 단계는 아동에 관한 교사의 평가에 대한 학부모의 생각을 확인하는 것뿐만 아니라 부모가 자신의 생각과 느낌을 표현하는 중에 자신과 아동과의 관계, 자신의 부모 역할에 대해 탐색해 볼 수 있는 기회를 제공한다는 점에서 중요하다. 따라서 교사는 단지 교사의 평가에 동의하느냐, 그렇지 않느냐의 관점보다는 부모가 아동의 문제에 관심을 갖고 진지하게 고민할 수 있도록 다각적인 질문을 하는 것이 중요하다.

5 학부모가 가정 및 학교 외 상황에서의 아동의 행동 및 자신의 태도에 대해 확인하고 평가할 수 있도록 질문하고 경청한다.

5.1 학교에서 보이는 아동의 행동특성과 관련되어 가정에서 아동의 행동은 어떠한지, 지난 학년까지는 어떠했는지, 학교 밖 상황에서는 어떠한지 등을 학부모에게 질문하여 학부모로 하여금 자녀에 대한 자신의 관심을 확인하게 한다.

5.2 무관심한 학부모의 경우 가정이나 학교 밖 상황에 있어서 아동이 어떻게 행동하는지 잘 모르거나 '문제가 없는 것으로 보인다.'와 같이 피상적인 수준에서 아동의 성향이나 행동을 파악하고 있을 가능성이 높다. 그럴 경우 구체적인 상황에서 관찰된 자녀의 행동과 그때 자녀의 심경이 어떠했을 것 같은지에 대해 질문한다.

5.3 아동이 어떤 상황에서 긍정적 행동을 보이고 어떤 상황에서는 부정적 행동을 나타내는지, 아동의 강점과 자원은 무엇이며 취약점은 무엇인지 등에 관해서 질문한다. 이러한 질문들은 향후 학부모가 아동에게 어떠한 부분에 관심을 가져야 하는지에 관한 지침을 암시적으로 제공해 줄 수 있다.

5.4 이 단계는 원래 학부모가 학교 밖에서의 자녀의 행동을 탐색하고 교사의 평가를 참조해 아동에 대한 종합적인 평가를 내려 해결방안을 모색하고자 하는 것이지만, 이런 부모의 경우에는 평소 자신이 자녀양육을 위해 어떻게 관여하고 있는지 혹은 부모와 자녀의 관계는 어떤지에 대해 스스로 탐색해 보고 문제점을 확인해 보는 과정이 중요하다. 따라서 학부모가 자신의 부모 역할 및 그에 대한 심정을 확인할 수 있도록 질문하고 경청하는 태도로 반응해 주어야 한다.

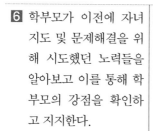

6 학부모가 이전에 자녀 지도 및 문제해결을 위해 시도했던 노력들을 알아보고 이를 통해 학부모의 강점을 확인하고 지지한다.

6.1 현재는 여러 가지 상황으로 인해 자녀에게 무신경하지만 자녀가 어렸을 때는 학부모 나름대로 자녀의 문제를 해결하려는 노력을 시도하였을 것이다. 학부모가 자녀의 문제해결을 위해서 어떤 노력을 했는지, 사용했던 방법과 그 효과들은 무엇이었는지, 그때 부모는 어떤 심경이었는지 구체적으로 알아본다.

6.2 이 과정에서 실제적으로 아동에게 효과적인 훈육방식을 찾아내고 보다 정교화하여 학교와 가정에서 통일된 형태로 활용할 수 있다. 이는 교사와 학부모가 협력자가 되어 상호 협조한다는 의미에서 중요하다.

6.3 또한 무관심한 학부모의 경우 이전의 자신의 모습(자녀교육과 관련된)을 돌아보고 부모로서의 강점과 자원을 스스로 확인하도록 도와줄 수 있다. 따라서 학부모가 효과적이었다고 생각하는 훈육방식에 대한 언급을 할 때 교사는 "정말 좋은 방법이었네요." "정말 잘하셨네요." 등과 같이 보다 적극적으로 지지해 주고 격려해 주는 것이 좋다.

6.4 학부모가 사용했던 방법 중 효과적이지 않았던 방안도 다소 수정하고 보완하여 학부모가 재활용할 수 있도록 한다. 이런 부모의 경우 새로운 대안책보다는 이전에 활용한 바 있던 방안을 수정·보완하여 활용해 보도록 권하는 것이 부모에게 부담을 덜 주며 그 방안을 받아들이기가 쉽고, 또한 적용할 가능성도 높아진다.

7 아동의 문제해결을 위해 학교와 가정에서 시도할 방안에 대하여 학부모와 교사가 합의한다.

[7.1] 아동의 문제를 해결하기 위해서는 학교와 가정에서 동시에 협조적으로 노력하는 것이 가장 효과적이다. 그러나 이런 부모의 경우 자발적으로 가정에서 어떤 노력을 하겠다고 하는 것이 쉽지 않을 것이다. 이 경우에는 교사가 학교에서 아동을 위해서 어떤 노력을 구체적으로 할 것이라는 것을 먼저 제시하는 것이 좋다. 학부모가 교사를 모델로 하여 가정에서 자신의 역할을 제시할 수 있도록 먼저 시범을 보임으로써 아동의 문제해결에 적극 참여하도록 유도한다.

[7.2] 이때 가정에서 학부모는 어떻게 노력할 것인지를 보다 구체적이고 분명하게 규정하도록 요청한다. 시도방안이 구체적일수록 실행하려는 마음이 더 생길 수 있기 때문이다. 예를 들면, '아동이 문제행동을 보일 때 그날은 아동이 좋아하는 게임을 하지 못하도록 컴퓨터 전원을 빼 놓는다(아동과 미리 약속한 후에 시행함).'와 같이 구체적이며 실행 가능한 현실적인 것이어야 한다.

[7.3] 교사와 학부모가 합의한 방안을 학교와 가정에서 한 주 정도 실험적으로 각각 실행해 보고 일주일 후 다시 만나기로 약속을 정한다. 만약 학부모가 직장 등을 핑계로 후속만남을 가지기 어렵다고 하면, 전화나 메일 등을 이용해서라도 반드시 후속적 의논을 지속할 수 있도록 약속한다.

8 추후상담을 갖고 실행과 정상의 문제점 및 실행결과를 확인하고 개선점을 의논하여 모색한다.

[8.1] 상호 간의 실행결과에 대해 이야기를 나눈다. 만일 학부모가 계획한 바대로 못했다고 하더라도 핀잔을 주거나 책망하지 말고 어느 정도 실행해 보려고 했는지, 계획대로 되지 않

은 이유는 무엇인지에 대해 알아본다. 예를 들어, "하루 정도 하다 말았다."라고 하면 "사실 하루도 하기 어려운 일인데 정말 애 많이 쓰셨다."라고 최소한의 노력이라도 인정해 주고 격려해 준다. 사실 이러한 부모에게 있어서는 노력하려는 것 자체도 어려운 일일 수 있기 때문이다.

8.2 방안모색 과정에서 예상치 못했던 결과나 문제점에 대해 상호 의견을 나눈다. 실행과정에서의 문제점은 어떻게 해결할 것인지를 의논하여 실행방안을 실행 가능한 방안으로 수정한다.

8.3 이러한 학부모의 경우 지속적으로 아동에게 관심을 갖고 노력하도록 하기 위해선 부모가 가진 강점이나 자원(비록 그것이 미미하다 하더라도)을 잘 찾아내 그 점을 활용하도록 하는 것이 필요하다. 교사는 학부모와 얘기하는 가운데 학부모의 강점이라고 생각되는 부분을 적극적으로 찾으려고 노력해야 한다. 문제부모라고 생각하면 문제만 보이지만 부모로서 강점이 없는 부모는 없다고 생각하면 최소한의 자원도 보이게 된다.

9 학부모가 아동의 긍정적 변화를 위해 가정에서 지속적인 노력을 할 수 있도록 계속해서 격려해 준다.

9.1 이런 학부모의 경우 주변상황이 나빠지거나 지지 세력이 없게 되면 다시 무력해지거나 무심해지기 쉽다. 가능하다면 교사는 학부모가 실행계획을 잘 실천하고 있는지, 어려움은 없는지 지속적으로(한 달에 한 번이라도) 관심을 표현해 주는 것이 학부모에게는 큰 도움이 된다.

> [9.2] 학교에서 아동이 사소한 것이라도 긍정적인 변화가 있을 때 알림장이나 메시지로 학부모에게 전달해 주면, 학부모는 교사와의 합의 내용을 지키려고 조금이나마 노력할 것이다.
>
> [9.3] 만일, 학부모가 학부모상담을 통해 깨달은 바가 있어 자녀를 위해 무엇인가 하고 싶다는 표현을 한다면 '자녀를 위한 부모교육' 프로그램이나 무료전문상담기관 및 부모교육기관을 소개해 준다(부록 참조).

5. 자녀의 특수교육(치료) 권유를 받아들이지 못하는 학부모

행동특성

- 자녀의 상태나 문제를 인정하지 않는다.
- 교사의 특수학급 입급 권유를 불쾌히 여기고 이를 거부한다.
- 학부모상담 제의에 여러 가지 이유를 대면서 회피한다.
- 자녀의 행동을 문제 삼는다는 이유로 교사에게 화를 낸다.
- "죄송하다." "무조건 선생님의 처분을 바란다."는 식으로 말하며 저자세를 취한다.
- 아동에 대한 교사의 과민반응이라고 일축해 버린다.
- 학교 행사 및 활동 권유에 일절 응답하지 않는다.
- 여러 가지 이유를 대면서 아동이 문제가 없다고 부인한다.

• 아동의 부적절한 행동의 원인이 학교 및 교실 내에 있다고 주장한다.
• 부모로서 책임을 다하지 못했다고 생각하고 죄책감을 느낀다.
• 교사의 관심에 대해 다른 저의가 있지 않나 의심한다.
• 자녀의 미래에 대해 낙심하고 우울해한다.
• 교사와 마주치지 않으려고 애를 쓴다.

🎁 유의점

① 자녀에게 특수한 장애나 문제가 발생하면 가족에게는 커다란 위기
   가 온다. 특히 부모는 자녀의 장애로 인해 많은 스트레스와 좌절,
   충격과 당혹감에 휩싸여 여러 단계의 감정변화를 경험하게 된다.
   1단계는 충격의 단계로 자녀의 장애진단 결과나 자녀의 상태를 믿
   지 않고 부정하려고 한다. 2단계는 거부의 단계로 혼란에 빠져 분
   노의 감정을 표현하게 된다. '왜 하필 나에게……' '왜 우리 아이
   가……'라는 생각과 함께 자기 곤경의 원인을 타인에게 전가, 투사
   하게 된다. 이 단계에서 아동의 부적응 문제를 거론하는 교사에게
   화를 내거나 책임을 전가하기도 한다. 3단계는 죄의식의 단계로 더
   이상 자녀의 상태를 부정할 수 없게 되면서 충격과 격한 감정은 줄
   어들게 되나 심한 죄책감에 시달리게 된다. 아동을 무조건적으로
   보호하려 하거나 교사에게 "무조건 죄송하다." "선처를 바란다."라는
   식으로 말하며 저자세를 취하게 된다. 4단계는 수용의 단계로 이전
   의 감정변화를 거쳐 자신이 이제 떠안아야 할 문제를 수용하게 된
   다. 이 시기가 되면 구체적이고 실제적인 정보제공과 문제해결을
   위한 계획을 의논하는 상담이 가능해진다. 그런데 4단계의 변화과

정에 있는 부모보다는 1, 2, 3단계 과정에 있는 학부모가 대부분이다. 따라서 교사는 특수아를 둔 부모가 현재 어떤 감정변화의 단계에 있는지 잘 관찰하여 현재 자녀에 대한 부모의 심정을 파악하고 이해하는 것이 중요하다. 무엇보다도 특수아 부모를 대할 때 진솔하게 마음 깊숙이 우러나오는 애정을 가지고 대하며 마음 한구석 상처를 받고 있는 부모를 공감하고 수용하는 태도를 갖는 것이 필요하다.

② 특히 자녀에게 인지적인 문제나 사회적인 문제가 두드러지지 않은 경우(예를 들어, 학습장애나 정서장애의 경우), 교사의 아동에 대한 견해를 받아들이지 못하고 교사를 비난하거나 교사의 의도를 의심하기가 쉽다. 따라서 무엇보다도 아동의 증상과 관련하여 평소 학교생활 및 전반적인 발달 정도를 잘 관찰하고 그 결과를 기록해 두는 것이 바람직하다. 이러한 결과를 부모에게 제시하여 교사의 주관적인 판단이 아님을 알리는 것이 중요하다. 또한 각 증상을 보다 객관적으로 구별해 낼 수 있는 진단 체크리스트를 활용하여 그 결과를 부모에게 제공함으로써 부모가 자녀의 문제를 제대로 인지하고 조기 개입하여 아동의 바람직한 성장에 도움을 줄 수 있도록 해야 한다.

③ 특수아 부모는 일련의 감정변화 과정을 거치면서 자녀의 상태를 바라보게 되는데, 한 과정에 오래 머물거나 변화가 심할수록 자녀의 바람직한 성장이 어렵다는 것을 인식하게 돕는 것이 필요하다. 일차적으로 부모 스스로 자신의 감정을 이해하고 되도록 빨리 수용의 단계에 도달할 수 있도록 부모 자신이 외부 전문가의 도움을 받는 등 적극적인 노력이 필요하다는 것을 알리는 것이 중요하다.

④ 특수반 입급을 거부하는 학부모의 경우, 자녀가 특수반 교육을 받

게 되면 타 아동들과 멀어지거나 학교 내에서 교사나 친구들의 부
정적인 시선으로 인해 자녀가 자신감을 더 잃게 될 것을 두려워하
여 결정을 못하기도 한다. 무엇보다도 이러한 부모의 불안한 심정
을 충분히 공감해 주고 수용해 주는 것이 필요하다. 그리고 계속해
서 아동을 현 상태로 내버려 두면 아동은 더 긴장하고 갈등과 부적
응행동을 더 유발해 낼 수 있음을 충분히 설명하고 특수반과의 연
계를 통해 효과적인 지도방법을 모색할 수 있음을 충분한 설명으로
전달해야 한다. 이때 자칫 교사가 다루기 힘들거나 귀찮아서 아동
을 특수반 교사에게 미룬다는 느낌이 들지 않도록 주의한다. 담임
교사 역시 지속적으로 아동에게 관심과 사랑을 보일 것이며 또 다
른 전문가인 특수교사의 관심과 교육이 보태져 효과적인 교육이 될
수 있음을 알리는 것이 필요하다.

🎁 상담의 장기적 목표

① 학부모와 교사가 지속적인 연계성을 가지고 아동의 적응과 발달을
　위해 적극적으로 협조한다.
② 학부모로 하여금 자녀의 현 상태(인지적 · 정서적 · 사회적 능력)를 이
　해하고 자녀를 존재하는 그대로 받아들이게 한다.
③ 학부모 자신의 감정변화 단계를 확인하고 받아들이게 한다.
④ 학부모의 특수아 자녀지도의 어려운 점을 발견하고 공감하여 심리
　적으로 지지해 준다.
⑤ 학부모와 교사의 협조적 관계 속에서, 아동의 긴장과 갈등, 부적응
　행동의 원인을 파악하여 효과적인 지도방법을 모색한다.

⑥ 특수아 자녀의 부모로서 인내심을 갖고 일관된 교육태도를 갖도록
조력한다.

⑦ 효과적인 자녀지도방법, 행동지도법, 대화기법을 배워 가정에서 활
용할 수 있도록 지속적으로 격려한다.

🎁 상담의 단계적 목표와 구체적 접근방안

단계적 목표	구체적 접근방안
1 부모상담을 하기 전 교사 자신이 아동의 부적응행동 및 문제행동을 관찰하고 기록한다.	1.1 부모상담 전에 교사가 아동에 대한 전반적인 파악을 하고 있어야 한다. 흔히 장애나 문제를 가진 자녀를 둔 부모의 경우, 자녀가 어떻게 생활하고 있는지에 대해 구체적으로 잘 모르거나 관심을 갖지 않는 경우가 많다. 그러므로 교사는 아동의 수업태도 및 학습능력, 교우관계 등에 대해 구체적으로 기록해 둘 필요가 있다.
	1.2 학부모의 입장에서는 실제 문제가 발생하거나 부적응행동이 유발되면 학교 환경 내 어떤 요인에 의해 일시적으로 발생했을 가능성이 있다고 믿고 싶어 하는 경향이 있다. 따라서 아동의 행동이 일회적, 일시적이 아닌 개인의 특성에 의해 지속적, 일관적으로 드러나는 것임을 알릴 객관적인 준거를 마련하는 것이 필요하다. 학기 초부터 아동의 부적응행동과 문제행동을 시기별로 관찰한다. 예를 들면, 수업 중 어떤 문제행동을 보이는지, 친구들과 놀이 중 어떤 문제행동을 보이는지, 일별, 혹은 주별로 관찰하고 그 결과를 기록해 둔다.

1.3 필요하다면 아동의 장애나 증상과 관련된 진단체크리스트를 활용하여 아동의 문제 정도를 체크해 보는 것도 필요하다. 예를 들어, 아동이 ADHD나 학습장애로 의심된다면 그와 관련된 체크리스트를 확인하여 그 증상의 정도가 어느 정도인지를 확인할 수 있다. 이 결과자료는 부모상담 시 부모로 하여금 자녀의 문제나 증상을 객관적으로 확인할 수 있는 기회를 제공할 수 있다.

1.4 자신이 관찰, 기록한 결과와 진단체크리스트 결과를 종합적으로 분석한다. 이때 학내 특수반 교사나 외부전문가의 도움을 받아 보다 정확한 정보가 되도록 한다.

2 학부모에게 적극적으로 상담요청을 한다.

2.1 특별한 문제를 보이는 아동을 둔 부모의 경우는 이미 잘 아는 증상이기 때문에 문제가 나타나더라도 어찌할 수가 없다고 생각하여 교사의 상담요청을 회피하려고 하는 경우가 있다. 이유가 어디에 있든 간에 특별한 도움이 필요한 아동의 경우는 교사와 부모 간의 협조가 아동의 교육과 발달에 무엇보다도 필요하다는 것을 인식시켜야 한다.

2.2 한번 요청에 응답하지 않는다고 포기하기보다는, 교사의 요청을 회피하는 학부모의 심정도 편치 않다는 것을 염두에 두고 전화나 이메일, 아동의 알림장을 통해 상담이 필요한 이유와 목표를 알리고 계속해서 요청을 하는 것이 필요하다.

2.3 만약 약속을 하고도 정해진 시간에 부모가 나타나지 않거나 양해를 구하면 반드시 다음 상담시간을 약속한다.

2.4 면대면 상담이 어려운 경우 서면이나 전화로 가능함을 알려 교사가 아동문제에 적극적으로 개입하고자 함을 알린다.

3 아동의 문제와 관련된 상담을 하게 된 부모의 심정을 이해하고 배려한다.

3.1 특수아 부모들은 본인이 부정하고 받아들이지 않는다고 하더라도 자녀의 장애나 문제로 인하여 많은 스트레스와 좌절, 위기를 겪은 사람들이다. 신체적으로나 심리적으로 많은 고통을 안고 있기 때문에 부모를 비난하거나 설교하거나 섣불리 판단을 내리는 것은 삼가야 한다. 대신 특수아인 아동과 부모의 심경을 잘 이해하고 있다는 느낌이 전달되도록 진솔하고 성실하게 대해야 한다. 이때 상담에 응하는 것이 마음 편치 않고 쉽지 않았음을 공감해 주고 감사의 뜻을 전한다.

3.2 계속해서 학부모가 불편해하거나 과민하게 반응할 경우에도 상담자인 교사는 부모의 이야기를 적극적으로 경청하는 것이 중요하다. 교사가 부모의 말을 열심히 듣고 정확히 이해하고 있다는 것을 알리는 것이 상호 간의 신뢰와 관계 형성에 도움이 된다.

3.3 상담을 잘해 보려는 의도로 아동에 관해 준비한 많은 정보를 부모의 말을 다 듣기 전에 미리 말해 버리는 오류를 범하지 않도록 한다. 부모가 교사와 마주하는 것이 다소 편해질 때까지 부드러운 눈빛으로 간단한 표현이나 고개를 끄덕거림으로써 수용과 존중의 태도를 표현하고 끝까지 부모의 말을 잘 들어 주는 것이 필요하다.

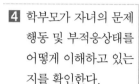

4 학부모가 자녀의 문제
행동 및 부적응상태를
어떻게 이해하고 있는
지를 확인한다.

4.1 흔히 장애나 문제를 가진 자녀를 둔 부모의
경우, 일단 학교에 보내면 그 안에서 발생되
는 모든 일은 학교나 교사의 책임이라는 생각
을 하게 된다. 따라서 자녀가 어떻게 생활하
고 있는지에 대해 구체적으로 잘 모르거나 관
심을 갖지 않는 경우가 많다. 자녀의 수업태
도 및 학습능력, 교우관계 등에 대해 어떻게
인식하고 있는지를 확인한다.

4.2 교실 내에서 문제가 되는 상황을 부모의 입장
에서 어떻게 이해하고 있는지를 확인한다. 예
를 들어, 발달과정상 있을 수 있는 일이라고
생각하는지 아니면 심각한 문제라고 생각하
지만 부모로서 어떻게 개입을 해야 할지 몰라
교사의 처분만을 기다리는지 등을 확인한다.

4.3 이 과정에서 자녀의 행동이 다소 심하지만 발
달과정상 있을 수 있는 일이 아니냐고 문제
자체를 부정하는 경우에도, 그렇게 생각하는
이유를 자세히 물어보고 그 생각 자체를 존중
해 주는 것이 필요하다.

5 아동의 문제행동 및 부
적응행동에 관한 관찰
결과를 보여 주고 그
에 대한 교사의 관점을
전달한다.

5.1 교사가 학부모상담을 요청하게 된 직접적인
이유와 배경을 설명하는 것이 필요하다. 이때
그동안 준비해 왔던 관찰결과지를 활용한다.

5.2 이 단계에서 교사는 보다 부드러운 말씨로 정
중하게 말함으로써 아동 개인에 대한 편견이
나 고정관념이 없음을 분명하게 전달하도록
한다.

5.3 아동의 부적응행동, 문제행동에 앞서 아동의
전반적인 발달사항을 언급할 필요가 있다. 즉,
인지, 정서, 행동특성, 교사와의 관계, 또래와
의 관계, 학교활동, 적성과 흥미 등에 관해서

언급하되, 문제행동을 지적하기 전 아동의 장점, 긍정적 행동에 대해서 먼저 언급하는 것이 필요하다. 이는 단지 부모의 감정을 상하지 않기 위함보다는 교사가 아동에 대해 전반적으로 제대로 파악하고 있다는 것을 인식시켜 주기 위함이다.

5.4 필요에 따라서는 학부모 스스로 진단체크지를 작성해 보도록 시간적 배려를 하는 것도 필요하다. 예를 들어, 아동의 ADHD 성향을 단지 지나친 외향적 성향으로 돌리는 부모에게는 직접 ADHD 체크리스트를 작성하도록 하여 문제의 심각성을 확인시키는 것이 필요하다.

5.5 아동에 대한 교사의 전반적인 평가 및 관점에 대해 학부모가 어떻게 생각하고 있는지를 질문을 통해 확인한다. 이때 부모의 생각뿐 아니라 감정을 솔직하게 표현할 수 있도록 격려하고 지지해 준다. 교사의 관점과 다르더라도 불쾌해하거나 설득하려고 애쓰는 태도를 취하지 않도록 주의해야 한다. 왜 그렇게 생각하는지 구체적 근거와 상황을 들어 보고 이해하려는 자세가 이후 단계를 진행하는 데 효과적이다.

6 교사와 학부모가 함께 아동에 대한 종합적인 평가를 통해 구체적 해결방안을 모색한다.

6.1 교사는 부모와의 상담을 통해 아동의 가정생활, 행동과 습관을 이해하게 되고 부모 역시 아동의 학교생활, 학교에서 고쳐야 할 행동과 습관에 대해 이해하게 된다. 상호 이해한 바를 서로 교환하고 나누는 것이 필요하다.

6.2 상담자인 교사가 먼저 학부모와의 상담과정을 통해 아동에 대해 알게 된 점을 얘기하고 학부모 역시 교사와의 상담과정을 통해 새롭

게 알게 된 점이 무엇인지 확인한다. 또한 아동의 문제나 부적응행동을 해결하기 위해 교사나 학부모가 어떠한 지도방법을 활용했는지, 그 방안이 어느 정도 효과가 있었는지에 대해서도 서로 나누는 것이 필요하다. 이 단계는 학부모가 향후 아동의 부적응행동에 어떻게 개입해야 하는가를 스스로 탐색할 수 있는 기회를 제공해 줄 뿐만 아니라 학교장면에서도 교사가 아동에 대해 관심과 열의를 가지고 있음을 깨닫게 해 줄 수 있다.

6.3 아동의 문제나 부적응 정도가 심하다고 평가가 내려진다면 될 수 있는 한 빨리 전문가의 진단을 받도록 권유한다. 사실을 받아들이고 긍정하는 태도를 빨리 가질수록 자녀에게 보다 효과적인 새로운 길을 제시할 수 있음을 강조한다. 진단 여부에 따라 보다 구체적인 교육 및 치료 계획이 수립될 수 있음을 알리는 것도 필요하다. 필요에 따라서는 장애 정도에 따른 교육, 치료와 관련된 복지정책을 소개해 줄 수도 있다(예를 들어, 사회서비스 전자바우처 제도 http:// www.socialservice.or.kr).

6.4 부모에 따라서는 자녀가 장애진단을 받는다는 것에 대한 거부감을 갖거나 받아들이기 힘들어 할 수도 있다. 현재의 부적응은 일시적인 문제일 뿐 자녀가 발달함에 따라 다소 부족해도 정상적으로 성장할 수도 있는데 장애진단으로 미리 족쇄를 채워 아이에게 자신감을 잃게 할 수도 있다고 생각할 수 있다. 이러한 부모의 마음을 수용하고 존중해 주고 장애진단은 하나의 방안일 뿐이며 결정은 부모가 하는 것임을 인정해 주는 것이 필요하다.

6.5 아동의 부적응 정도에 따라서는 특수반 입급을 권유할 수 있는데 부모에 따라서는 거부감을 갖거나 불쾌해할 수도 있다. 특수반 제도나 특수교사의 역할과 기능에 관해 미리 생각해 두었다가 차분하고도 정중하게 제안하고 결정은 부모가 하는 것임을 강조한다. 각 학교마다 혹은 특수교사에 따라 특수반 운영이 차이가 있을 수 있으므로 미리 특수교사의 도움을 얻어 구체적 정보를 문서화해 놓으면 학부모의 신뢰를 얻을 수 있다.

7 학교와 가정에서 아동의 문제해결을 위해 시도할 방안이나 태도에 대하여 학부모와 교사가 합의하고, 이를 수행할 때 나타날 수 있는 제 문제점에 대해 의논한다.

7.1 아동의 문제해결을 위해서는 학교와 가정에서 동시에 협조적으로 노력하는 것이 가장 효과적이다. 학교에서 교사는 아동을 위해서 어떤 노력을 구체적으로 할 것이며, 가정에서 학부모는 구체적으로 어떻게 노력할 것인지를 분명하게 규정하고 합의한다.

7.2 가정에서 문제해결방안을 시도할 때 나타날 수 있는 문제점이 무엇인지 학부모에게 질문함으로써 스스로 문제점에 대한 대책을 강구할 기회를 주는 것이 필요하다.

7.3 가정에서 부모가 문제해결방안을 구체화할 때 자녀에게 능력 이상의 것을 요구하지 않도록 당부한다. 특수아를 위한 교육은 정상아로 만드는 교육이 아니라 아동 나름대로 가지고 있는 잠재능력(보잘것없는 것이라 할지라도)을 최대한 길러 주어 능력을 발휘할 수 있게 하는 것임을 알리고, 그 이상의 무엇을 바라기보다는 부모가 아동을 있는 그대로 받아들여야 한다는 것을 강조한다.

7.4 학부모가 가정에서 교사와 합의한 대로 수행하는 것이 쉽지 않다는 것을 인정해 주고 격려해 주는 것이 필요하다. 부모의 입장에서는 수행한 후에 바로 결과가 있기를 기대하는데 이러한 부모의 태도는 모든 면에서 서투르고 늦어지는 아동에게는 더욱 긴장감을 주고 초조하게 만들 수 있다. 어려운 일이기는 하지만 자녀를 위해 인내심을 가지고 자녀를 대해야 함을 강조하고, 동시에 그런 부모의 심경을 수용해 주고 공감해 주는 것이 필요하다.

7.5 합의된 방안이 효과적으로 시행되기 위해서는 부모가 죄책감이나 수치심에서 해방되어야 한다. 부모가 죄책감이나 수치심에 사로잡히면 심한 갈등과 불안이 생기고 이 불안은 직·간접적으로 자녀에게 전달되어 자녀의 문제행동은 더 심각해진다. 따라서 부모는 자녀에 대한 자신의 감정상태를 정확히 인식하는 것이 중요한데, 스스로 하기는 어려운 일이다. 부모도 자신의 문제에 대한 상담을 받거나 특수아를 둔 부모들의 정서적인 결속을 위하여 결성된 부모모임에 가입하도록 권유한다. 이러한 모임(예, 각 시도별로 구성된 장애인부모회)을 통해 양육의 어려움을 나누고 유사한 어려움을 겪는 이들과 정보를 나누고 서로를 지원할 수 있다.

8 학부모가 가정에서 지속적인 노력을 할 수 있도록 격려를 계속한다.

8.1 보통의 부모도 자녀를 잘 지도하지 못할 때 죄책감과 불안을 느끼며 부담감도 가지게 된다. 특수아를 둔 부모의 경우는 그 정도가 심할 수 있다는 것을 이해하고, 지속적으로 아동의 변화에 대해 관심을 갖고 조금이라도 긍

정적인 변화가 있을 때마다 부모에게 문자나 알림장을 통해 피드백해 주고 그 노고를 격려해 주는 것이 필요하다.

8.2 아동이 변화가 없거나 예전의 부적응행동을 다시 보일 때 가장 실망을 많이 하고 낙담하게 되는 것은 부모라는 것을 인식하고, 이럴 경우 부모의 심경을 위로해 주고 부모에게 실망스럽더라도 자녀의 성장을 위해 현실을 직시하고 자녀를 위해 무엇을 할 것인가를 모색하는 것이 더 중요하다고 격려해 준다.

8.3 자녀에게 문제가 생길 때마다 학부모가 매번 학교에 와 교사와 상담한다는 것이 현실적으로 어려우므로 정기적으로(예, 매월 1회) 메일이나 메시지를 통해서 아동의 변화(긍정적이든 부정적이든)에 대해서 상호 정보를 교환하기로 약속을 정하는 것이 좋다. 학부모의 입장에서는 교사가 귀찮아할 수도 있다는 생각에 먼저 약속을 이행하기가 어려울 수 있다. 이때는 상담자인 교사가 먼저 약속을 이행하여 교사가 지속적으로 아동과 부모에게 관심을 가지고 있음을 알리는 것만으로도 부모에게는 큰 힘이 된다.

6. 자녀에게 지나친 간섭과 집착을 하는 학부모

행동특성

- 학교에서의 자녀의 행동 및 수업태도 등에 관해 자주 묻는다.
- 알림장에 자녀의 행동 및 교사에 대한 바람을 자주 기록한다.
- 또래관계에 별 문제가 없는데도 불구하고 자녀와 친구들과의 관계에 대해 자주 묻는다.
- 자녀를 과잉보호한다.
- 교사에게 자녀가 몸이 약하다, 마음이 여리다 등 자녀의 신체적·심리적 핸디캡에 관해 자주 언급하고 보호해 달라고 요청한다.
- 자녀의 또래관계를 간섭한다.
- 자녀에게 문제가 생기면 무조건 학교로 달려온다.
- 자녀에게 문제가 생기면 자녀의 잘못은 인정하지 않고 다른 아동에게 그 책임을 묻는다.
- 교사에게 자녀에 관한 거짓말을 자주 한다(예를 들어, 아이가 늦잠을 잔 경우 아이가 아파서 학교에 늦게 보냈다고 함).
- 자녀의 학교생활 전반에 관한 요구를 자주 한다(예를 들어, 자리 및 짝을 바꿔 달라, 밥을 늦게 먹으니 급식순서를 앞당겨 달라 등).

유의점

① 대부분의 부모들은 자기 자녀를 행복하고 유능하게 키우고 싶어 한

다. 그중 일부 부모는 자녀를 위해 모든 일을 해야 하는 완벽한 부모가 되어야 한다고 믿고, 학교 주변을 맴돌며 사사건건 아이의 문제를 학교에 통보하고 간섭하는 헬리콥터형 부모의 모습을 보이게 된다. 이런 부모의 경우 자녀의 모든 행동은 부모와 관련 있다고 생각하고 학교에서 일어나는 사소한 문제에도 관여하고자 한다. 교사의 입장에서는 아동을 믿지 못하고 사사건건 간섭하는 학부모가 부담스럽고 귀찮을 수 있을 뿐만 아니라, 아동에게 부정적 영향을 끼치는 부모로 인식하게 되기 쉽다. 상담 초기에 있어서는 내담자와 라포를 형성하는 것이 중요한데, 이런 학부모에게는 일정한 선입견과 고정관념이 생겨 상담자가 내담자를 있는 그대로의 모습으로 보기 어렵게 된다. 그렇지만 학부모상담에 있어서 교사는 상담자이고 학부모는 내담자라는 것을 명심하고, 이런 부모에게 있어서도 자녀에게 간섭하는 이유와 나름대로의 긍정적 의도가 있다는 것을 인정해 주어야 상담에서 필요한 상호신뢰감이 형성될 수 있다. 상담을 시작하기 전 교사는 내담자인 학부모에 대한 부정적인 생각을 갖고 있지 않은지 미리 점검해 보는 것이 필요하다.

② 완벽한 부모가 되고자 하는 부모는 대체로 그 의도는 좋을 수 있다. 그럼에도 불구하고 그러한 부모의 행동은 오히려 자녀의 자신감과 독립심을 빼앗아 간다. 부모의 기대에 부응하기 위해 거짓과 변명이 늘어날 수 있고, 심한 경우 불안과 우울을 경험할 수도 있다. 당장은 부모가 자녀의 시중을 다 들어주거나 적극적으로 개입하여 문제를 해결해 줄 수 있는 것으로 보이지만, 시간이 지날수록 학교에서 아동의 문제행동이나 부적응행동이 유발될 가능성이 많다. 따라서 교사는 평소 아동의 학교생활 과정을 주의 깊게 관찰하고 기록

하여 나중에라도 학부모상담 시 필요한 자료로 활용할 수 있도록
해야 한다.

③ 이런 부모의 경우 자신이 아동의 문제를 다 해결하고 있다고 생각
하기 때문에 자녀에게 발생하는 문제행동을 대수롭게 여기지 않거
나 받아들이지 않을 수 있다. 또한 자녀가 하는 모든 것에 대한 책
임은 부모에게 있다고 생각한다. 다시 말하면 자녀의 행동은 곧 부
모의 능력을 반영한다고 생각하기 때문에, 교사가 문제행동을 언급
하면 자신을 책망하는 것으로 받아들이기 쉽다. 또한 상담이 진행
되는 과정에서 교사의 입장에서는 부모의 특정 성향이나 행동으로
인해 아동이 문제행동을 하게 된다는 생각이 강하게 들 수 있다. 그
렇다 하더라도 이런 교사의 판단이 언어나 행동으로 전달된다면,
아동의 문제해결을 위한 학부모와의 협조적 관계를 형성하는 것 자
체가 어렵게 될 수 있다. 교사는 학부모상담에서 상담자와 내담자
라는 관계 속에서 내담자의 얘기나 마음을 따라가며 반응하는 상담
자라는 사실을 잊지 말아야 한다.

④ 모든 학부모상담에서 마찬가지이지만, 특히 완벽주의 성향을 가진
부모와의 상담에서는 아동의 문제행동을 언급하기 전 아동의 긍정
적인 측면이나 잘하고 있는 제 측면에 대해 알려 주고 격려해 주는
것이 필요하다. 자신이 자녀교육에 특별한 관심을 갖고 있다고 믿
는 만큼, 자녀를 통해 나타나는 성과를 확인하고 싶어 하는 특성이
강하기 때문이다. 아동의 장점과 긍정적 측면을 전달할 때, 관찰을
거치지 않은 칭찬은 치켜세우는 것에 불과하기 때문에 구체적 상황
이나 실례를 들어 가며 알려 주는 것이 효과적이다.

⑤ 이런 부모의 경우 자녀의 행동에 대해 이것저것 간섭할 뿐만 아니

라 특히 자녀의 교우관계에 문제가 생기면 무조건 학교로 달려와 다른 아이들에게까지 간섭하고 통제하는 행동을 하게 된다. 경우에 따라서는 학부모 간의 갈등으로 번질 수도 있고 이런 부모의 자녀가 친구들 사이에서 따돌림을 받을 수도 있다. 교사가 아는 경우도 있지만 교사 모르게 일어날 수도 있으므로 평소 주의 깊게 관찰하고 관심을 두어야 한다.

⑥ 이런 학부모의 경우 결과는 부정적이라 하더라도 기본적으로 자녀 교육에 관한 열의와 관심이 있어서 빚어지는 결과라는 것을 인식하고, 학부모의 문제점만을 인식하기보다는 이러한 학부모의 에너지를 활용하여 아동의 성장에 도움이 될 방안을 고려하는 것이 효과적이다.

🎁 상담의 장기적 목표

① 학부모와 교사가 아동의 교육과 성장을 위해서 서로 존중하고 협조하는 관계를 형성한다.

② 학부모는 학년별 부모의 양육과제에 대해 이해하고 부모로서 자신에 대한 이해를 높인다.

③ 학부모로 하여금 자녀의 양육방식에 대한 결과를 인식하게 하고 강점은 더욱 발전시키고 문제행동은 수정할 수 있는 방안을 모색하게 한다.

④ 학부모와 교사가 협력하여 아동의 문제행동을 수정할 수 있는 방안을 마련한다.

⑤ 학부모가 자녀의 성장을 위해 모색한 방안을 지속적으로 실천할 수 있도록 학부모의 노력을 인정하고 격려해 준다.

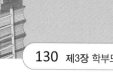

🌱 상담의 단계적 목표와 구체적 접근방안

단계적 목표	구체적 접근방안
1 아동의 문제행동과 관련하여 학부모상담을 하게 된 학부모의 불편한 심정을 이해하고 배려한다.	1.1 자녀에게 집착하는 부모일수록 아동에게 문제가 발생하면 그 문제의 책임은 자기에게 있다고 생각하고, 교사를 만나서 완벽한 부모로서 역할을 다해야 한다는 생각에 교사를 만나는 심정이 매우 불편하고 긴장될 수 있다. 이러한 내담자의 심경을 미리 헤아리고 이해하는 것이 중요하다. 교사의 이러한 태도는 분명 내담자인 학부모에게 전달될 것이기 때문이다. 1.2 "학교에 오시는 동안 마음이 편치 않으셨죠? 그런데도 이렇게 흔쾌히 와 주셔서 감사드려요."라며 처음 만나는 순간부터 편안하고 온정적인 눈맞춤으로 반가이 맞으면서 진심으로 감사하는 마음을 전한다. 부드럽고 따스한 태도로 대함으로써 학부모가 최대한 편안히 느낄 수 있도록 배려한다. 1.3 다른 교사들이나 아동들에 의해 방해받지 않고 조용히 편안하게 이야기를 나눌 수 있는 장소에서 상담을 진행한다. 1.4 간단한 음료나 차를 준비하여 상호 어색한 분위기를 풀도록 한다. 교사의 편안하고 환영하는 태도는 학부모의 불편한 심경을 다소 누그러뜨리고 아동교육을 위한 협조자로서 노력할 가능성을 높여 준다.
2 아동의 문제행동을 전달받고 어떤 생각과 느낌을 받았는지에 대해 경청하고 학부모의 심정을 이해한다.	2.1 자녀의 문제행동에 관해 학부모상담을 요청받은 학부모는 불안하고 걱정스러워하며 지난 시간을 보냈을 것이다. "전화 받으시고 놀라셨지요? …… 걱정 많이 하셨지요? …… 제가 전화로 말씀드린 점에 대해 어떻게 생각하셨어요?"라는 말로 학부모가 학부모상담과 관련하여 가진 생각과 불안하고 불편한 느낌들을 솔직히 표현할 수 있도록 유도한다.

	2.2 이 단계에서 학부모가 과민하게 반응하거나 방어적인 태도를 보이더라도 교사는 잘 들어 주고 부모의 입장에서 공감적으로 이해하는 태도를 갖는다.
3 학부모상담의 목적과 취지, 진행과정에 대해 설명하고 이에 대해 학부모가 이해한 바를 확인한다.	3.1 학부모상담이 어떻게 진행될 것으로 예상했는지 학부모의 의견을 듣는다. 보통 학부모 입장에서 학부모상담은 아동의 문제에 대해 부모의 책임을 묻는 과정이라고 생각할 수 있다. 그래서 "무조건 죄송하다. 앞으로는 그런 일 없도록 조처를 하겠다." 라고 말하는 경우가 많다. 교사 앞이라고 의례적으로 답변하지 않도록 보다 구체적인 기대사항을 표현하도록 정중하게 요청하고 경청하려는 태도를 보인다.
	3.2 학부모상담은 교사와 학부모가 협력하여 아동의 문제를 해결할 수 있는 방안을 모색하고 아동의 발전을 위해 가정과 학교에서 일관되고 지속적인 노력을 하도록 상호 의논하고 향후 피드백하는 과정임을 분명히 밝혀서, 일회적 상담이 아닌 지속적인 과정이 될 것임을 알린다. 완벽한 부모의 경우 자녀의 문제는 자신의 책임이며 자신이 해결해야 된다는 생각을 가지기 쉽기 때문이다.
	3.3 또한 교사가 아동의 문제나 잘못을 비난하거나 부모의 책임을 추궁하는 것으로 받아들여지지 않도록, 학부모상담의 취지를 분명히 밝히는 것이 중요하다.
4 학부모상담을 요청한 직접적인 이유와 교사의 평가를 전달하고 이에 대한 부모의 생각과 느낌을 알아본다.	4.1 상담 요청 시 간단하게 전달받은 아동의 잘못이나 문제에 대해서 학부모는 궁금해한다. 따라서 교사가 학부모상담을 요청한 직접적 이유가 된 문제행동이나 잘못에 대해서 구체적으로 학부모에게 알려 준다. 이때 아동 자체를 비난하거나 아동 때문에 힘들다는 느낌이 전달되지 않도록 주의한다.

4.2 아동의 문제에 대해 학부모는 어떻게 생각하고 있는지, 또 어떻게 느끼는지 질문을 통해 확인한다. 예를 들어, 이런 부모들은 자신이 제대로 돌보지 않아서 아이가 잘못을 저질렀다고 생각할 수 있다. 잘못하면 이러한 부모들은 앞으로 아이가 잘못을 하지 않도록 하기 위해 오히려 자녀를 더욱더 통제·지배하려 하고 과잉보호할 가능성이 크다. 따라서 아동의 문제행동에 대한 부모의 생각과 느낌을 확인하는 과정이 반드시 필요하며, 이 부분은 교사가 기억해 두었다가(필요하면 간단히 기록해 둔다) 나중에 문제해결방안을 논의할 때 다시 다루도록 해야 한다.

4.3 교사의 평가에 학부모가 동의한다 하더라도 어떤 측면에서 동의하는지 구체적으로 들어 본다. 교사의 비위를 건드리지 않기 위해 그냥 하는 말일 수도 있기 때문이다.

4.4 교사의 평가에 학부모가 동의하지 않는다면, 이를 불쾌하게 받아들이지 말고 진지하게 경청한다. 어떤 점에서 교사의 의견과 다른지, 그렇게 생각하는 구체적 근거가 무엇인지 등을 면밀하게 들어서 이해하려는 태도로 임한다. 이러한 교사의 태도는 학부모를 보다 협조적인 방향으로 이끌 수 있다.

| 5 학교 이외의 상황에서는 아동의 문제행동이 어떻게 나타나는지 확인하여 아동의 문제행동에 대한 종합적인 평가가 이루어지도록 한다. | 5.1 학교에서 나타난 아동의 문제행동 특성과 관련하여 가정에서는 어떠한지, 기타 상황(학원, 교회 등)에서는 어떠한지 등을 학부모에게 확인하여 아동의 문제행동을 보다 정확하고 종합적으로 평가한다. |
| | 5.2 가정 및 다른 상황에서의 아동행동에 대한 부모의 보고내용이나 의견이 교사의 현재 평가와 다를 경우, 그 이유를 부모와 함께 추론하는 과정을 거친다. |

5.3 인간행동은 상호적으로 작용한 결과로, 주된 상호작용 관계에 있는 인물(예를 들면 부모, 교사, 친구)의 성향과 반응에 따라서 아동의 행동이 달라질 수 있다는 점을 고려한다.

5.4 아동이 부모 앞에서 하는 행동과 교사나 친구 앞에서 하는 행동이 달라진다면 그 원인이 어디에 있는지 교사와 학부모가 함께 탐색해 보는 과정을 거친다. 이때 부모의 그러한 성향이나 행동 때문에 아이가 그렇게 행동한다는 식의 판단이나 부모의 간섭 때문에 아이가 힘들어한다는 식의 논리를 펴지 않도록 주의한다. 이 과정은 학부모와 교사가 함께 아동행동이 다르다면 그 이유가 무엇인지를 추론하는 과정으로, 교사의 판단이 옳다 하더라도 부모의 잘못이라는 뉘앙스가 풍겨진다면 어떤 부모도 받아들이기 힘들 것이기 때문이다. 부모 스스로 아동의 문제행동이 자신의 행동과 관련 있을 것이라는 추론을 하는 것만으로도 이미 상담의 효과는 있는 것이다.

5.5 아동이 어떤 상황에서는 긍정적 행동을 잘 보이고 어떤 상황에서는 부정적 행동 및 문제를 잘 나타내는지, 아동의 강점과 자원은 무엇이며, 취약점은 무엇인지 등을 학부모와 함께 종합적으로 평가해 본다.

6 학부모가 사용하는 자녀훈육방법의 구체적인 내용과 효과에 대하여 알아봄으로써 부모로서 자신에 대한 이해를 증진시킨다.

6.1 학부모가 자녀지도를 위해서 사용하고 있는 훈육방법을 구체적으로 알아본다. 또한 각 훈련의 효과에 대해서도 자세히 살펴본다.

6.2 어떤 훈육방식은 효과가 있었는지, 어떤 훈육방식은 효과가 없었는지, 효과가 없었다면 무엇 때문이었는지 자세히 알아본다. 이 과정은 해당 아동에게 보다 효과적인 지도방안을 구안하는 데

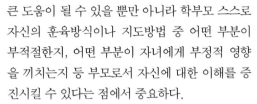

큰 도움이 될 수 있을 뿐만 아니라 학부모 스스로 자신의 훈육방식이나 지도방법 중 어떤 부분이 부적절한지, 어떤 부분이 자녀에게 부정적 영향을 끼치는지 등 부모로서 자신에 대한 이해를 증진시킬 수 있다는 점에서 중요하다.

6.3 학부모가 사용했던 방법 중 자녀에게 효과적이었던 방안은 더욱 정교화하고 효과적이지 않았던 방법은 그 이유를 고려하여 수정하고 보완한다.

6.4 이 단계에서는 부모가 자녀를 위해 모든 것을 해 주려고 하는 것이 자녀에게 있어서는 간섭이 되고, 자녀의 자율성과 책임감을 빼앗아 가는 것이며, 자녀의 과잉보호는 자녀가 경험을 통해 배울 수 있는 기회를 박탈하는 것임을 스스로 인식할 수 있도록 효과적이지 않았던 방법에 대한 이유를 탐색하는 데 조금 더 많은 시간적 배려를 하는 것이 좋다. 그렇다고 해서 이러한 부분을 교사가 직접 설명하거나 진단해서는 안 되며, 학부모 스스로 얘기하는 것을 따라가며 반응하는 것이 효과적이다. 중요한 것은 학부모와 교사가 함께 적합한 방안을 고안하기 위해서 협조적으로 노력하는 것이기 때문이다.

7 학부모와 교사는 아동의 문제해결을 위해 각자 시행할 방안에 대해 합의하고 구체적 실행계획을 수립한다.

7.1 아동의 문제해결을 위해서는 학교와 가정에서 동시에 협조적으로 노력하는 것이 가장 효과적이다. 학교에서 교사가 아동을 위해서는 구체적으로 어떤 노력을 할 것이며 가정에서 학부모는 구체적으로 어떻게 노력할 것인지를 분명하게 규정하고 합의한다.

7.2 시행방안은 보다 구체적이고 실행 가능한 것이어야 한다. 너무 많은 방안보다는 우선 실행 가능한 항목 3가지 정도나 그 이하로 구성하는 것이

현실적이다. 필요하다면 교사와 학부모 각자 기록하는 것도 좋다. 시간이 여의치 않다면 각자 구체적 실행계획을 작성한 후 메일로 교환하고 피드백하기로 할 수도 있다.

7.3 구안과정에서 미처 예상하지 못했던 문제점이 실행과정에서 나타날 수도 있다는 점을 감안하여, 일주일 정도 실행해 보고 아동의 변화를 관찰하여 문제점을 보완할 수 있도록 후속 상담시간을 약속해 둔다. 이 과정은 교사가 아동의 문제에 열의와 관심을 가지고 있다는 것을 보여 주는 동시에 학부모 역시 적극적으로 참여하도록 할 수 있다.

7.4 만약 학부모가 직장 혹은 시간상의 이유로 후속 만남을 가지기 어렵다고 하면 전화나 메일 등을 이용해서라도 반드시 후속적 의논을 지속할 수 있도록 약속한다.

8 후속상담을 통해 실행과정에서의 문제점을 파악하고 수정하여 지속적으로 실행해 나가도록 격려한다.

8.1 실행과정에서 각각 발견한 문제점과 어려움, 새롭게 느낀 점을 함께 나눈다. 이러한 문제를 어떻게 해결할 것인지를 의논하여 실행방안을 수정하고, 언제까지 할 것인지 기간을 설정한다.

8.2 학부모가 계획한 대로 하지 못했다 하더라도 비난하지 말고 실행하지 못한 자세한 이유를 경청하여 실행 가능한 방안으로 개선하도록 한다.

8.3 학부모 입장에서는 이제껏 자녀의 행동 하나하나를 체크하고 통제하다가 자녀에게 맡기고 잘못하더라도 기다리는 것을 실천하기가 쉽지 않을 것이다. 실행하려고 마음먹은 것, 즉 노력하고자 하는 마음 자체가 이러한 부모에게는 큰 변화이므로 이를 적극적으로 지지하고 격려해 준다.

9 학부모가 아동의 긍정적 변화를 위해 가정에서 지속적인 노력을 할 수 있도록 피드백과 격려를 계속한다.	**9.1** 교사는 학부모상담 이후에도 아동의 문제행동에 지속적으로 관심을 갖고 아동에게 작은 변화라도 있으면 알림장과 메일을 통해 학부모에게 알려 준다. 학부모의 지속적인 노력으로 아동에게 변화가 있음을 인정해 주고 격려해 준다. 교사 역시 학교에서 아동의 변화와 성장을 위해 노력하고 있음을 알려 준다. **9.2** 아동에게 변화가 나타나지 않더라도 실망하지 말고 기다리도록 격려한다. 짧은 메시지라도 부모에게는 큰 힘이 될 수 있다.

 ## 7. 정신적 질환으로 자녀를 돌보지 않는 학부모

🌱 행동특성

• 자녀를 돌보지 못하여 아동의 기본적 필요가 충족되지 않는 적이 많다.

• 아동을 통해서 학부모상담을 요청하여도 전혀 반응이 없는 적도 있다.

• 교사가 학부모에게 전화를 해서 대화를 하고자 할 때 예상치 않은 반응을 하거나 대화가 되지 않을 때가 많다.

• 아동이 자기 부모나 가족에 대해서 이야기하기를 꺼려한다.

• 안정된 직업이 없거나 직장생활이 원만하지 못하다.

• 학교 주변이나 학교에서 교사를 마주쳐도 적절히 대화를 나누지 못

하거나 피한다.

- 상황에 전혀 적절치 않게 심하게 화를 내거나 횡설수설한다.
- 아동을 위한 교사의 간단한 제안도 실천하지 못한다.
- 아동이 나이에 맞지 않는 집안일이나 가족을 돌보는 일을 한다.

🪴 유의점

① 자녀에게 의식주를 제공하는 것과 같은, 부모로서 가장 기본적인 할 일들도 제대로 하지 못하는 것으로 보이거나, 교사나 다른 학부모에게 상식적으로 이해하기 힘든 말이나 행동을 하는 학부모들 중에는 정신적 질환이 있거나 정신지체인 경우가 있다. 즉, 학부모 자체의 정신적 문제 때문에 일상생활의 전반적인 기능에 지장이 있어서 자녀도 제대로 돌보지 못하고 교사에게도 부적절한 언행을 하는 학부모들이 있다는 것을 이해할 필요가 있다.

② 정신적 질환은 상황적 스트레스 때문에 갑자기 발생하는 경우도 있지만, 적어도 상당 기간에 걸쳐서 정신적 질환의 전조현상을 보이다가 발병하는 경우가 더 많다. 그러므로 학부모 중에 정신적 질환이 의심되는 사례가 있으면 아동의 이전 담임교사들에게 확인해 보면 도움이 되는 정보를 얻을 수 있을 것이다. 정신지체로 보이는 경우도 이전 담임에게 확인해 보면 정신지체 여부를 판단하기에 용이하다.

③ 정신지체는 지속적이고 일관적인 경향을 보이지만 우울증이나 편집증, 정신분열증, 알코올중독 및 기타 정신적 질환은 때에 따라 적응도에 상당한 차이를 보일 수 있다. 상황적 스트레스가 심하지 않

거나 치료를 잘 받고 있을 때는 적응도가 높다가 스트레스 요인이 생기거나 치료를 게을리하면 문제가 심해질 수 있는 것이다. 그러므로 학부모의 일상적 기능이 때에 따라 심한 차이가 나는 경우에도 정신적 질환 여부를 의심해 볼 수 있다.

④ 학부모에게 정신적 질환이나 정신지체가 있다고 생각되면 아동의 다른 쪽 부모나 조부모 등과 연락을 시도해 본다. 예컨대, 아동의 어머니에게 정신적 질환이 있다고 보이면 아동의 아버지와 연락을 시도해서 학교에서 그동안 있었던 일에 대해서 대화를 나누어 아동을 돕는 방안에 대해서 협조를 구한다. 한부모가정인 경우라면 조부모나 가까운 친척이 있는지 알아봐서 연락을 시도해 본다.

⑤ 교사에게 중요한 사람은 아동이므로, 보다 정상적인 기능을 하는 학부모와 대화를 나눌 때의 초점도 아동의 학교생활 및 전반적 적응이다. 아동이 정상적으로 잘 발달하고 학교생활에 잘 적응하기 위해서 아동의 부모가 어떻게 도와주는 것이 필요한지, 보다 정상적인 기능을 하는 쪽의 부모가 정신적 질환이나 정신지체가 있는 부모를 어떻게 보완할 수 있으며 교사와 어떻게 협조할 수 있는지 등에 초점을 두어 대화를 한다. 정신적 질환이 있는 부모의 문제해결은 교사가 직접적으로 관여할 일은 아니나, 만약 치료기관이나 방법에 대하여 교사에게 문의를 한다면 적절한 기관을 소개하거나 의뢰하는 것이 도움이 된다.

⑥ 정신적 질환이나 정신지체가 있는 학부모의 경우 방과 후에 아동을 적절히 돌보기 어렵고 아동도 가정에 들어가는 것을 불편하게 느낄 가능성이 많기 때문에, 노는 아이들과 어울리거나 위험한 곳을 배회하는 경우가 생기기 쉽다. 그러므로 교사는 방과 후에 학교 내외

의 무료공부방이나 지역아동센터 등과 같이 아동이 시간을 건전하게 보낼 수 있고 돌봄을 받을 수 있는 곳을 알아보고 주선해 주는 것이 좋다. 공부방이나 지역아동센터 등을 학부모가 알아보고 신청하도록 하는 것이 가장 좋지만, 학부모의 기능상태가 좋지 않을 때는 학부모의 기능이 좋아지기를 기다리기보다는 아동을 위해서 교사가 직접 해 주는 것이 좋을 것이다.

⑦ 정신적 질환이나 정신지체가 있는 학부모라 하더라도 자기 자녀에 대한 사랑과 관심이 있고 나름대로 노력을 기울일 수 있는 여지를 가지고 있는 경우가 많다. 다른 학부모만큼 세심하게 관심을 기울이고 돌보지는 못하더라도 적어도 한두 부분에서는 나름대로 노력을 하거나, 때에 따라 적응도의 차이가 크더라도 적응도가 좋을 때는 부족하나마 바람직한 부모 역할을 할 수도 있다. 그러므로 정신적 질환이나 정신지체가 있는 학부모라 하더라도 아동을 위해서 언제 무엇을 어떻게 할 수 있는지를 잘 살펴서 작은 것이라도 부모 역할을 할 수 있는 기회를 찾도록 돕는 것이 바람직하다. 작은 것이라도 부모 역할을 제대로 했다고 느낄 수 있는 기회를 가지면 그만큼 부모의 적응 자체에도 도움이 되기 때문이다. 부모의 나은 적응은 결국 아동의 적응에 긍정적 영향을 미치게 된다.

⑧ 정신적 질환이나 정신지체가 있는 학부모라고 하더라도 아동학대가 의심되면 지체 없이 아동보호전문기관에 신고하여야 한다(부록 2 참조). 아동을 신체적 · 정신적 · 성적으로 학대하거나 유기 혹은 방임하는 것으로 의심되는 경우에는 아동의 보호가 최우선이므로, 아동보호전문기관의 정밀한 사정을 통하여 아동의 가정상황을 판단하고 후속조치를 취할 수 있도록 해야 하기 때문이다.

🪴 상담의 장기적 목표

① 교사 자신이 관찰한 내용과 아동의 이전 담임교사 등에게 알아본 내용을 참조하여, 해당 학부모와 직접 아동에 관해 의논할 수 있을지를 판단한다.

② 해당 학부모의 기능이 어렵다고 판단되면, 보다 정상적인 기능을 하는 다른 쪽 부모나 친척과 연락을 취하여 아동을 도울 수 있는 방안을 의논한다.

③ 필요한 경우 학부모의 정신적 질환을 치료할 수 있는 기관을 소개하거나 의뢰한다.

④ 정신적 질환이나 정신지체가 있는 학부모라도 아동을 위해서 부모 역할을 할 수 있는 부분을 찾도록 돕는다.

⑤ 학부모가 아동을 위해서 작은 것이라도 부모 역할을 하게 되면, 적극 인정하고 격려한다.

⑥ 아동이 방치되지 않도록 도울 수 있는 학교 내외의 기관을 적극 활용하도록 돕는다.

🪴 상담의 단계적 목표와 구체적 접근방안

단계적 목표	구체적 접근방안
1 교사의 관찰, 아동과의 대화, 다른 교사들의 의견 등을 참조하여 학부모의 기능 정도를 짐작해 본다.	1.1 학부모에게 정신적 질환이나 정신지체가 있는지를 정확히 판단하는 것은 전문가의 몫이지만, 아동을 함께 지도하는 협조자로서의 기능을 학부모가 할 수 있을지를 가늠하기 위해 교사가 학부모의 정신적 질환 여부에 대한 판단을 나름대로 내려야 할 경우가 생긴다.

1.2 정상인으로서의 생각·감정·행동의 범위를 벗어나며, 부모로서의 일상적 기능을 제대로 수행하지 못하는 경우라면 정신적 질환이나 정신지체의 가능성을 의심해 볼 수 있다. 학부모가 교사를 직접 대하는 행동이나 말, 아동이 부모에 대해서 들려주는 말, 이전 담임들이나 주변 교사들이 관찰한 바를 전해 준 내용 등을 참조하면, 대략적으로나마 판단을 내릴 수 있다.

1.3 교사가 판단을 내리는 기준은 정신적 질환의 유무나 특정질환명이 아니라 학부모로서의 정상적 기능을 할 만한가의 여부다. 예컨대 어떤 학부모가 만성우울증이나 정신분열증을 가지고 있지만 약물치료나 심리치료 등으로 정상적 기능을 별 무리 없이 유지하고 있다면, 교사에게는 정상적 학부모 중 한 명일 뿐이다.

2 보다 정상적인 기능 수준의 다른 쪽 부모나 친척과 연락을 시도하여, 아동을 돕는 방안을 의논한다.

2.1 정신적 질환이나 정신지체로 정상적 기능이 어렵다고 판단되는 학부모가 있으면, 보다 나은 대안적 인물을 찾아서 아동을 위한 도움을 요청하는 것이 중요하다. 아동에게 다른 쪽 부모가 있으면 그 부모가 최우선적으로 연락을 취해 보아야 할 대상이며, 조부모·외조부모·이모·삼촌 등 다른 친척들도 고려해 본다.

2.2 연락이 되면, 아동의 학교생활에서 그동안 부족했거나 문제가 되었던 점, 학부모의 적절한 개입이 필요했으나 이루어지지 못했던 점, 학부모가 학교에 와서 아동의 적응에 부정적 영향을 미칠 수 있는 행동을 했었다면 그 사건의 내용 등을 구체적으로 이야기하

고, 아동을 위해서 어떤 도움이 가능할지를 탐색해 본다.

2.3 이때 학부모를 비난하는 투가 되지 않도록 주의하며, 교사의 관심은 아동을 보다 효과적으로 돕기 위해 학부모나 주변 인물과 협조할 수 있는 방안을 찾는 것임을 분명히 전달한다.

3 정신적 질환이나 정신지체가 있는 학부모라도 아동을 위해서 할 수 있는 것을 찾아본다.	3.1	일상생활의 거의 모든 기능이 불가능한 경우도 없진 않으나, 대부분의 경우는 정신적 질환이나 정신지체가 있더라도 어느 정도의 기능은 가능하다. 입원상태에 있지 않고 가정에서 생활한다는 것 자체가 부분적 기능이라도 가능함을 알려 주는 것이다. 그러므로 학부모로서 할 수 있는 극히 작은 것(예컨대, 자녀가 입을 옷을 골라 주는 것, 학용품을 사다 주는 것 등)이라도 가능한 것을 찾아서 요청해 본다.
	3.2	자녀를 사랑하는 마음을 가진 학부모라면, 자신이 자녀를 위해서 작은 것이라도 할 수 있음을 기뻐할 가능성이 높다. 할 수 있을 만한 것을 학부모에게 요청하고, 부분적으로라도 실행했을 때 적극 인정하고 격려하면 학부모의 기능 상태를 높이는 데 도움이 될 수 있다.
4 학교 내외의 지원체계를 활용하는 방안을 찾아본다.	4.1	학부모가 정신적 질환이나 정신지체가 있어서 자녀를 제대로 돌보지 못하면, 아동이 방과 후에 방치되어 나쁜 길로 빠질 가능성이 높아진다.

4.2 학교 내의 전일제 보육교실, 방과 후 교실, 학교 외의 무료공부방이나 지역아동센터 등 아동을 따뜻이 돌보아 주고 시간을 적절히 보낼 수 있도록 도와주는 기관들이 많이 있다. 아동 개인과 결연하여 멘토역할을 해 주는 대학생 자원봉사자들도 많이 있으며, 많은 대학이 학생처 · 학생서비스센터 · 학생상담센터 · 동아리 등을 통해서 그 대학 학생들을 아동들과 연결해 주는 시스템도 가지고 있다. 학부모가 직접 그런 곳들을 찾기는 어려우므로, 교사가 대신 찾아 연결해 주면 아동에게 많은 도움이 될 수 있다.

5 아동학대가 의심되면 지체 없이 아동보호전문기관에 신고하여 적절한 조치가 취해지도록 한다.

5.1 부모에게 정신적 질환이나 정신지체가 있다 하더라도 아동을 신체적 · 정서적 · 성적으로 학대한다거나 유기 혹은 방임하는 등의 학대행위를 용인해서는 안 되며, 교사는 아동학대가 의심되는 즉시 아동보호전문기관에 신고하여야 할 법적 의무가 있다(부록 2 참조).

5.2 아동학대는 확인된 경우뿐 아니라 의심되는 경우에도 신고를 해야 한다. 해당 사례가 아동학대 사례인지 아닌지는 신고 접수 후에 아동보호전문기관의 전문사정자가 판단할 것이므로, 교사가 미리 정확한 판단을 내려야 할 필요는 없다. 중요한 것은 아동이 건강하게 성장할 수 있는 환경을 제공하는 것이며, 그러한 환경은 부모뿐 아니라 주변 성인과 사회 전체가 함께 이루어 가야 하는 것이기 때문이다.

8. 자녀에게 권위가 없는 학부모

🪴 행동특성

• 자녀가 제 마음대로 하도록 허용한다.

• 교사가 아동의 문제행동에 대해 언급하면 어찌할 방법이 없다고 하면서 교사가 알아서 해 달라고 교사에게 매달린다.

• 자녀의 숙제를 대신 해 주는 등 자녀의 요구를 거절하지 못한다.

• 가정에서의 자녀의 문제행동이나 버릇을 고쳐 달라고 교사에게 요청한다.

• 교사에게 아이를 키우기 힘들다고 푸념하거나 불평한다.

• 자녀가 잘못을 해도 자녀를 혼내지 못하겠다고 말한다.

• 자녀의 심부름꾼처럼 행동한다.

• 자녀 때문에 힘들다고 자녀 앞에서 운다.

• 자녀와의 다툼에서 늘 진다고 말한다.

• 자녀가 제멋대로 하고 버릇이 없다고 비난한다.

• 자녀의 잘못된 행동을 통제하거나 제한하지 못한다.

🪴 유의점

① 보통 부모의 역할은 아동의 성장에 따라 변화한다. 초등학교 시기의 경우 아동의 근면성과 건전한 자아개념의 발달이라는 과업(Erikson, 1963)을 이루는 시기이고, 이 시기의 부모는 자녀와 계속적인 상호 작용을 통해 자녀가 주어진 과업을 달성하도록 능력과 품성을 길러

주는 역할을 다해야 한다. 부모가 이러한 역할을 제대로 수행하기 위해선 부모가 권위가 있어야 한다. 부모가 권위가 없을 경우 아동은 규칙을 무시하고 자기가 하고 싶은 대로 하면서 더 큰 권한과 힘을 갖고 훈육하려는 부모에 맞서게 된다. 그러다 보면 학교에서도 아동은 제멋대로 하려는 경향이 강해지고 다양한 문제행동을 유발할 가능성이 많아진다. 따라서 교사는 학부모상담을 통해서 부모가 아동을 지도하는 데 있어 권위를 갖는 것이 중요하다는 것을 강조할 필요가 있다.

② 권위 있는 부모라고 해서 힘으로 혹은 자기 뜻대로만 일방적으로 몰아붙이는 전제적·권위적인 부모가 되라는 뜻은 아니다. 자녀를 양육함에 있어서 일관된 자세로 원칙을 가지고 엄격할 때는 엄격하게, 자애로움이 필요할 때는 자애롭게 훈육해야 함을 의미한다. 자녀가 어렸을 때부터 신체적으로 허약하여 온갖 병치레를 하다 보니 안쓰러운 마음에 아이의 비위를 맞추는 것이 습관이 되었거나, 귀한 손이라고 귀히 여김이 지나쳐 아이가 잘못하는 줄 알지만 아이가 하고자 하는 대로 내버려 둔 결과 부모는 점점 권위를 잃고 아이에게 끌려 다니는 모습이 되어 버렸을 수 있다. 이들 중 어떤 부모는 엄격하게 자녀를 지도하고 싶지만 어떤 말이나 기술을 사용해야 되는지 모르는 경우도 있다. 그래서 순간적으로 화를 내거나 소리를 지르지만 이미 아동은 부모의 권위를 무시하고 자신의 욕구대로 행동하려는 것이다. 따라서 학부모상담 중 경우에 따라서는 부모가 권위를 갖는 데 필요한 부모교육이나 조언을 하는 것도 필요하다.

③ 학년 초 학부모총회나 전체 학부모상담시간에 학부모와 교사가 만남을 갖게 되면 자연스럽게 아동 개인의 특성이나 문제에 대해 얘

기를 할 수 있는데, 대부분의 부모는 교사가 먼저 언급을 하기 전에는 자녀의 문제나 자녀에 대한 불만을 꺼내기를 주저한다. 교사가 아이에 대해 편견을 가지게 되는 것을 두려워하기 때문이다. 그런데 자녀와의 관계에서 늘 자녀에게 끌려 다닌다는 생각을 하는 부모는 자신도 모르게 아이 키우기가 힘들다고 불평과 푸념을 할 수 있다. 그러면서 교사에게 아이의 버릇을 고칠 수 있게 해 달라고 요청을 하기도 한다. 이 경우 아동이 학교에서 특별한 문제행동을 하지 않더라도 아동의 발달을 위해 학부모상담을 실시하는 것이 바람직하다. 지금 당장에는 아동에게 문제가 없지만 부모의 이러한 행동이 지속적으로 반복되어 나타나게 되면 아이는 부모의 권위를 무력화시키고 자신의 욕구대로 하려는 경향이 점점 더 강해지게 되면서 문제행동을 할 가능성이 높아지기 때문이다. 상담에 있어서 현재의 문제해결도 중요하지만 문제를 예방하는 것도 중요한 목적이다.

④ 부모의 권위가 효과적으로 발휘되기 위해서는 먼저 부모-자녀 간의 관계를 재정립하는 것이 중요하다. 그동안 부모보다 아동이 더 큰 힘을 발휘해 왔기 때문에, 부모가 권위를 회복하려고 시도하면 아동은 자신이 통제받는다고 생각하여 반발할 것이며, 부모 스스로도 하기로 마음먹은 대로 확고하게 밀고 나가기가 어려울 수 있다. 따라서 학부모상담에서 교사는 학부모가 분명한 기준을 가지고 자녀와의 관계를 조정해 가도록 도와야 한다. 이 경우 아동을 학부모상담에 참석시키는 것도 한 방법이 될 수 있다. 아동이 참석한 가운데 교사가 학부모가 해야 할 역할에 대해 조언(그 대부분은 아동에게 보다 엄격하고 덜 허용하도록 하는 것으로 아동이 싫어할 내용일 것이다)하게 되면 학부모가 예전보다 엄격해진 이유를 정당화시켜 주고 따

라서 아동과 불필요한 힘겨루기를 줄일 수 있기 때문이다.

⑤ 대부분의 학부모상담이 아동의 변화를 위해 이루어지지만 이런 부모의 경우에는 아동의 교육과 변화를 위해서 학부모의 변화가 먼저 이루어져야 한다. 아동은 부모의 영향을 많이 받고 부모의 행동과 상호작용된 행동을 하기 때문에 학부모의 변화(권위 있는 부모)를 촉진시키는 것이 결과적으로 아동의 행동을 변화시킬 수 있는 것이다. 학부모의 변화를 촉진시키기 위하여 아동에 대한 평가뿐 아니라 학부모나 그 가정에 대해서도 이해하는 것이 필요하다.

🪴 상담의 장기적 목표

① 학부모가 아동의 교육과 성장을 위하여 자신의 훈육태도나 훈육방식을 스스로 변화시켜야 한다는 것을 인식할 수 있도록 노력한다.

② 학부모가 자녀와의 관계에서 일관된 원칙과 규준을 가지고 훈육하도록 힘을 북돋아 주고 격려한다.

③ 학부모가 자녀와의 관계에서 엄격함과 자애로움을 조화롭게 유지하도록 조력한다.

④ 학부모가 자녀와 신뢰로운 관계를 형성할 수 있도록 조력한다.

⑤ 학부모가 아동의 문제행동을 효과적으로 통제할 수 있는 기술과 방법을 익히고 실천할 수 있도록 한다.

⑥ 앞으로 아동에게 생길 수 있는 문제를 예방하고 성장을 촉진시키기 위해 학부모와 교사가 협조적 의사소통을 지속한다.

⑦ 학부모가 아동의 성장을 위해 지속적인 노력을 할 수 있도록 학부모의 노력을 인정하고 격려한다.

🎁 상담의 단계적 목표와 구체적 접근방안

단계적 목표	구체적 접근방안
1 아동의 문제와 관련하여 학부모상담을 하게 된 학부모의 불편한 심경을 이해한다.	1.1 이런 부모의 경우 자녀를 제대로 교육하지 못하는 것이 문제가 되어 학부모상담을 하게 되었다고 생각하고 교사를 대하는 것이 긴장되고 수치스럽고 불편할 것이다. 현재 부모의 감정이나 상태 등 부모의 입장에서 공감하고 이해하는 태도를 보여 부모를 최대한 편안하게 해 준다. 1.2 학부모상담을 위해서 학교에 방문한 것에 대해서 진심으로 감사의 뜻을 전한다. 자녀를 위해 쉽지 않은 결정을 한 학부모의 용기를 인정해 주고 격려해 준다. 1.3 학부모 스스로 원해서 하는 상담일지라도 교사와의 상담은 어색하고 불편할 수 있다. 스스로 문제부모라는 생각이 들지 않도록 부모를 안심시킨다.
2 학부모상담을 하게 된 취지를 밝히고 아동 및 문제행동에 대한 교사의 생각을 전달한다.	2.1 학부모상담을 요청한 직접적인 이유가 된 아동의 문제행동이나 잘못에 대해서 구체적으로 학부모에게 언급한다. 보통 이때 나타나는 아동의 문제행동은 규칙을 지키지 않고 제멋대로 하려는 경우가 많다. 이러한 행동들이 언제, 어떤 방식으로 나타났고 그 결과는 어떠했는지 평소 관찰하고 기록한 결과들을 보여 주면서 구체적으로 알려 주는 것이 좋다.

	2.2 아동의 문제행동에 대해 "아이가 문제가 많다."라는 비난과 평가조로 시작하게 되면 대개 부모들은 방어적이거나 과민하게 반응할 수 있다. 문제행동을 언급하기 전에 아동의 긍정적 특성과 장점을 언급하여 아동에 대한 전반적이고 균형 잡힌 평가를 전달한다. 아동에 대한 균형 잡힌 평가는 부모들도 수긍할 가능성이 많다.
	2.3 학부모가 과민하게 반응하거나 방어적인 태도를 보이더라도 교사는 우선 잘 들어 주고 내가 부모라면 어떤 마음이었을지 공감적으로 이해하는 태도를 취해야 한다.
3 아동에 대한 교사의 평가와 관련하여 학부모의 생각과 느낌을 확인한다.	3.1 교사의 아동에 대한 전반적인 평가 및 문제행동에 대해 학부모가 어떻게 받아들이고 있는지 질문한다(예를 들면, "아이가 학교생활을 하면서 학습도 잘하고 친구하고 잘 지내면서 여러모로 잘 성장하도록 돕고 싶은데 이런 행동들이 걸림돌이 되는 것 같아 참 안타깝습니다. 이 문제에 대해 부모님은 어떻게 보시는지요?").
	3.2 학교에서 보이는 아동의 행동특성과 관련하여 집에서 아동의 행동은 어떠한지, 학교 밖 상황(학원, 교회 등)에서는 어떠한지 등을 학부모에게 질문한다. 이를 통해 교사는 학부모 스스로 자신의 자녀를 어떻게 평가하고 있는지 파악하고 아동의 문제행동이 부모의 훈육태도나 방식과 어떻게 관련이 있는지 탐색하도록 돕는다.

4 아동에 대한 부모의 훈육태도와 훈육방식에 대해 알아보고 이를 통해 학부모 자신의 훈육방식을 되짚어 보도록 한다.	[4.1] 어렸을 때 자녀를 어떻게 훈육했는지, 현재는 어떤 훈육방식을 사용하는지 구체적으로 알아본다. 예를 들면, 예의 바른 행동과 무례한 행동에 대해서 어떻게 가르치는지, 아동이 잘못된 행동을 했을 때 어떻게 가르치는지, 아동이 화를 낼 때는 어떻게 반응하는지, 아이에게 용납되는 행동과 용납되지 않는 행동의 기준은 무엇인지 등에 관해서 구체적으로 파악한다.
	[4.2] 부모와 자녀가 어떻게 대화하는지 대화방식에 관해 파악한다. 초등학교 이전과 초등학교 저학년, 고학년으로 나누어 구체적으로 파악한다.
	[4.3] 이 단계에서 부모는 자신의 훈육방식의 잘못을 인식하고 자신의 문제로 인해 자녀가 잘못되고 있다는 자책감과 수치심을 느끼고 무력해할 수 있다. 교사는 학부모의 양육과정에서의 어려움에 대해 경청하고 공감해 줌으로써 이후 학부모가 자신의 훈육방식을 개선할 수 있도록 힘을 북돋아 준다.
5 학부모의 훈육방식에 대한 결과를 추론해 보고 학부모 스스로 확인하도록 한다.	[5.1] 학부모의 과거 혹은 현재의 훈육방식으로 인해 어떤 결과가 발생되었거나 생길 수 있는지 추론해 본다. 이때는 아동에게 발생할 수 있는 결과와 부모에게 발생할 수 있는 결과, 부모와 자녀 관계에 생길 수 있는 결과에 대해 각각 나누어 추론해 보는 것이 좋다(예를 들면, 아이가 무엇인가 원할 때 행동의 한계를 분명히 하지 않음 → 그 결과 아이가 원하는 게 있으면 거리낌 없이 뭐든지 하려고 하거나 잘못된 행동을 서슴지 않음).

5.2 | 5.1 |에서 추론한 결과 중 아동에게 발생할 수 있는 결과와 현재 학교에서의 문제행동과는 어떠한 관련이 있는지 살펴본다. 아동이 그와 같은 문제행동을 할 때 학부모는 어떻게 대처하거나 반응했는지 알아본다.

5.3 | 아동이 어떤 상황에서는 긍정적 행동을 잘 보이고 어떤 상황에서는 부정적 행동 및 문제를 잘 나타내는지 교사와 학부모가 함께 평가해 본다. 이때 학부모가 사용했던 방법 중에서 효과적이었던 방안은 더욱 정교화시키고 효과적이지 못했던 방안은 수정하여 이후 단계에서 활용할 수 있음을 알려 학부모가 하는 모든 훈육방식에 문제가 있다는 의미가 아님을 전달하는 것이 필요하다.

5.4 | 학부모가 그동안 아동을 훈육하면서 느꼈던 어려움이나 문제점들에 대해 잘 들어 보고 공감해 준다.

6 학부모의 훈육방식 중 아동의 문제행동과 관련이 있거나 아동에게 부정적인 영향을 미치는 방식을 찾아 개선점을 모색하도록 조력한다.

6.1 | 아동에게 현재 나타나고 있는 문제행동과 관련된 부모의 훈육방식을 찾아 어떻게 변화시킬 것인가를 의논한다. 이때 아주 사소한 것까지(예를 들면, 부모에게 존댓말 쓰기, 엄마 말 가로채지 않기, 허락받고 친구 집에 놀러가기 등) "이렇게 하라."라는 가이드가 필요하다. 보통 가정에서는 알아서 가르쳐 왔을 항목도 새로운 규칙으로 가르치는 것이 필요할 수 있음을 알려 준다.

6.2 | 이 단계에서 교사가 학부모에게 "○○○하시는 게 좋겠습니다."라고 직접적인 방식으로 조언하기보다는 "이 방식은 어떻게 바꾸는 것이 좋다고 생각하시나요?", 혹은 부모가 딱히 마

땅한 방법을 찾지 못할 경우라도 "○○하는 방법은 어떨까요?" "이런 방법이 혹시 효과가 있을까요?"와 같은 간접적인 방식을 사용한다. 스스로 문제가 있다고 생각하는 부모라도 자녀교육과 관련된 부분은 스스로 결정하고 책임지고 싶어 하기 때문이다.

7 학교와 가정에서 아동의 문제해결을 위해 실천할 방안에 대하여 학부모와 교사가 합의한다.	[7.1] 아동의 문제를 해결하기 위해서는 학교와 가정에서 동시에 노력하는 것이 효과적임을 알린다. 학교에서 교사는 어떤 노력을 할 것이며 가정에서 학부모는 구체적으로 어떤 노력을 할 것인지 분명하게 규정하고 합의한다. [7.2] 학교에서 적용되는 규칙과 행동지도방안을 부모에게 상세히 전달하고, 부모가 이 지도방식을 가정에서도 일관성 있게 적용하여 실천방안을 계획하도록 돕는다. [7.3] 가정에서의 실천을 돕기 위해 교사가 무엇을 하면 좋을지 학부모에게 알려 달라고 요청한다. 이를 통해 교사 역시 부모의 권위를 인정해 주고 부모가 확신을 가지고 실천해 갈 수 있도록 돕는다. [7.4] 학부모가 아동에게 어떤 행동은 용납되고 어떤 행동은 용납되지 않는지를 명확하게 가르쳐 줄 수 있도록 한다. 부모가 허락하는 행동의 분명한 한계를 알아야 자녀들도 자신의 행동을 선택할 수 있고 보다 안정감을 느낄 수 있다는 것을 강조한다.

8 합의한 내용을 실천하는 과정에서 생길 수 있는 문제점을 예상하고 미리 대처한다.

8.1 실천과정 중 일어날 수 있는 문제점이나 어려움에 대해 미리 살펴본다. 예를 들면, 학부모가 원칙대로 아이의 잘못을 야단치게 되면 아이는 이제껏 해 온 대로 부모에게 대들고 화를 낼 수 있다. 이때는 "그건 옳지 않은 행동이야."라고 확실하게 못 박고 자녀가 부모의 변화를 인정하지 않는다 하더라도 확신을 가지고 일관성 있는 훈육을 해야 자녀도 변한다는 것을 강조한다.

8.2 부모의 권위라는 것이 어느 한쪽 부모만의 몫은 아니다. 다른 한 쪽 부모에게도 학부모상담 요지와 합의한 내용을 미리 알리고 교사와 상담한 부모의 뜻을 따라 달라고 당부하도록 한다.

8.3 부모가 자녀의 성장을 위해 훈육방식을 변화하고자 하나 아이가 강력하게 저항하거나 대들 경우 아이가 더 어긋날까 두려워 원칙대로 하지 못할 가능성도 배제할 수 없다. 이 경우에는 아동을 학부모상담에 참석시키는 것도 한 방법이 될 수 있다. 아동이 참석한 가운데 교사가 학부모가 해야 할 역할에 대해 조언하게 되면 학부모가 예전보다 엄격해진 이유를 정당화시켜 주고 따라서 아동과 불필요한 힘겨루기를 줄일 수 있기 때문이다.

8.4 훈육과 관련된 아동의 문제행동은 이미 습관화되어 단기간에 고쳐지기 어렵다는 것을 인식하고 좌절하지 말고 인내심을 갖고 실천해야 한다는 것을 강조한다.

9 학부모가 아동의 긍정적 변화를 위해 가정에서 지속적인 노력을 할 수 있도록 격려를 해 주고 부모의 협조를 구한다.	**9.1** 학교에서 아동이 사소한 것이라도 긍정적 변화가 보이면 알림장이나 메시지를 통해 부모에게 전달하고 부모의 노력을 지지해 준다. 가정에서 부모의 노력 여하에 따라 계속해서 긍정적으로 아동이 변화할 수 있다는 가능성과 희망을 불어넣어 학부모가 지속적으로 노력할 수 있도록 한다.
	9.2 아동의 긍정적 변화를 촉진하는 가정환경이 이루어질 수 있도록 협조를 요청한다. 예를 들면, 부부간의 훈육방식이 일치하고 일관성이 있어야 하며 형제간에 편애가 없도록 주의하고 가족 간의 대화가 부족하지 않도록 관심을 기울이는 것이 필요함을 전달한다.
	9.3 학부모가 해결책을 실행하는 데 도움이 될 만한 자료나 정보(부모교육에 관한 책이나 강의 소개, 특히 부모의 권위에 관한)들을 제공해 줌으로써 아동에게 깊은 관심과 애정을 가지고 있음을 전달하고 학부모 노력에 대한 동기를 부여한다.
	9.4 가능하다면 차후 메일이나 알림장을 통해 가정에서 학부모가 실행하는 노력이 잘 진행되는지, 실행 중 어려움은 없는지 물어보고 적절하게 피드백 해 준다.

9. 촌지나 과다한 선물을 하는 학부모

행동특성

- 부담 없이 주고받을 수 있는 수준을 벗어난 선물이나 촌지를 제공한다.
- 겉으로 보기에는 단순하고 부담 없어 보이는 선물 속에 촌지를 숨겨서 준다.
- 교사가 자리에 없을 때 다른 사람에게 선물을 맡겨 놓고 간다.
- 교사의 집 주소 및 생일 등 기념일을 알아내어 선물이나 촌지를 배달시킨다.
- 선물이나 촌지를 거절하면 불쾌해한다.
- 선물이나 촌지를 돌려보내면 더 큰 선물이나 촌지를 넣어서 다시 보내온다.
- 학년 초에 선물이나 촌지가 집중된다.

유의점

① 어떤 사회이든 상대방에 대한 존중과 감사함을 표시하는 수단으로 선물을 주고받는 것이 관습이다. 우리 사회도 글을 가르쳐 준 선생님에 대한 감사함을 촌지로 표하였으며, 존경하거나 좋아하는 사람을 찾아갈 때 작은 선물을 가져가 인사를 하였다. 학부모들 중에도 진심으로 교사에게 감사하는 마음에서 선물을 하는 경우가 있다. 예컨대, 아동이 갑자기 다치거나 아팠을 때 교사의 헌신적 돌봄으

로 무사하게 되었다든지 하는 경우라면 어느 학부모라도 교사에게 특별한 감사의 표시를 하고 싶을 것이다. 또 학년이 끝날 때 한 해 동안 아동에게 많은 관심과 사랑을 쏟고 열성적인 가르침을 준 담임교사에게 감사의 표시를 하고 싶은 학부모들도 많다. 그런 경우에 교사에게 학부모가 감사의 편지와 함께 지나치지 않은 선물을 한다면 교사도 기쁘게 부담 없이 받을 수 있을 것이며, 아름다운 인간관계의 한 모습이 될 수 있다.

② 그러나 초등학교의 경우 한 해 동안 담임교사가 대부분의 학습과 생활지도를 책임지고 있고 아동들은 교사의 사소한 말 한마디에도 큰 영향을 받을 수 있기 때문에, 담임교사가 학기 중에 학부모의 선물이나 특히 촌지를 받는 것은 뇌물로 오해받을 위험이 매우 높다. 예를 들어, 담임한 학급아동 중 하나가 경시대회에 나가게 되었는데 담임이 아동의 잠재력을 높이 산 나머지 따로 시간을 내어서 지도를 한 결과 아동이 경시대회에서 우수한 성적을 거두었다고 하자. 해당 학부모는 담임에게 감사한 마음에서 선물이나 촌지를 할 수 있겠지만, 다른 학부모들은 앞뒤를 바꿔서 담임의 의도를 곡해하거나 담임이 그런 선물이나 촌지를 할 만한 아동이기 때문에 지도를 따로 해 주었다는 식의 해석을 할 수도 있고, 다음에 또 상을 받는 아동이 있으면 학부모가 담임에게 선물이나 촌지를 해야 하는 것인 양 오해를 할 수도 있다.

③ 교사는 자신의 평판과 명성을 명예롭게 지켜야 학부모들과의 관계뿐 아니라 아동을 교육할 때 자신의 소신과 철학을 자유롭게 펼 수 있다. 학년 초에 담임이 정해지면 학부모들 사이에 교사에 대한 평과 소문이 무성하다고 한다. 교사가 학부모의 선물이나 촌지에 어

떻게 반응하는지도 당연히 그 내용에 포함된다. 학부모들로서는 한 해 동안 자기 자녀를 가르칠 담임교사가 어떤 사람이며 자녀의 학교생활이 한 해 동안 순조로우려면 학부모로서 어떻게 하는 것이 가장 적절할지를 알고자 하는 것이다. 새 담임은 학부모로부터 선물이나 촌지를 일절 받지 않고 아동의 가정배경이나 학부모의 학교 방문 횟수와 상관없이 모든 아동에게 최선을 다하고 정성을 쏟는다는 평이 지배적이라면, 대부분의 학부모들은 교사를 존중과 기대로 맞을 것이고 편안한 마음이 될 것이며 선물이나 촌지로 교사를 힘들게 하지 않을 것이다.

④ 교사가 선물이나 촌지를 받지 않으며 공평하고 훌륭한 선생님이라는 평이 나 있더라도, 일부 학부모는 여전히 자기 자녀에 대한 특별대우를 기대하며 선물이나 촌지를 시도해 볼 것이다. 그런 경우에는 정중하면서도 확고한 태도를 유지하는 것이 중요하다. 학부모가 교사의 거절을 불쾌하게 받아들이더라도 교사가 확고한 태도를 일관성 있게 유지하면 결국 학부모는 교사의 말이 진심임을 알고 받아들이게 되어 있다. 이렇게 지킨 교사의 명예는 한 해 동안 아동들과 학부모들과의 관계에서 교사에게 강력한 힘으로 작용할 수 있다.

⑤ 학부모가 학교를 방문할 때 간단한 음료수 등을 사 오는 것과 같이 일상적 관계에서 용인할 만한 것을 들고 오는 것이나 학급아동들이 단체로 먹을 것이나 마실 것 등을 제공하겠다고 할 때 이를 받아들이는 것이 적절한지는 학교가 위치한 지역사회의 상황을 고려하여 결정하는 것이 좋다. 아동들의 사회경제적 수준이 비교적 고르게 중상위층에 속한다고 판단되는 학교라면, 학부모가 교사에게 음료수 정도를 들고 오는 것까지는 굳이 교사가 거부하지 않는 것이 오

히려 자연스러울 것이다. 그러나 학급아동 중 한 명이라도 경제적으로 열악한 상황에 처해 있다면, 학부모가 간단한 음료를 들고 오는 것조차 그 아동의 가정에는 무리일 수 있으므로 일괄적으로 교사가 거절하는 것이 더 좋을 것이다. 특히 학급아동 전체에게 "○○의 부모님이 아이스크림을 보내셨다."라고 알리는 것과 같은 상황은 일어나지 않도록, 미리 학부모들에게 양해를 구해서 금지해 두는 것이 현명하다. 먹고 마실 것을 제공한 학부모의 아동은 자랑스럽게 여길지 모르나 부모가 그렇게 해 주지 못하는 환경에 처한 아동들은 상대적으로 소외감과 결핍감에 빠질 수 있기 때문이다.

🎁 상담의 장기적 목표

① 학부모가 교사에게 감사의 뜻을 전하고 싶은 마음은 이해하지만, 촌지나 과다한 선물은 교사를 불편하게 하는 부적절한 것임을 정중하고 예의바르게 전달한다.

② 교사는 학부모의 학교 방문 횟수나 촌지 여부와 상관없이 아동들에게 공평한 관심을 골고루 가진다는 것이 평소 언행을 통해서 드러나도록 함으로써 학부모와 아동의 존경을 받을 수 있도록 한다.

③ 선물이나 촌지는 받지 않지만 아동지도를 위한 학부모와의 대화 통로는 열려 있음을 전달한다.

④ 아동의 변화 양상에 대해서 가끔씩 학부모들에게 알려줌으로써, 교사가 아동지도에 성실히 임하고 있음을 학부모가 알고 안심할 수 있도록 돕는다.

🪴 상담의 단계적 목표와 구체적 접근방안

단계적 목표	구체적 접근방안
1 학부모의 선물이나 촌지가 부담 없이 받을 수 있는 것인지 아닌지를 판단한다.	1.1 학부모의 선물이나 촌지가 시기적으로 학년 말에 주어지고 아동에 대한 평가와도 상관이 없으며, 기쁜 마음으로 감사를 주고받는 정도로 적당하다고 판단되는 경우라면, 감사의 인사와 함께 받아들인다. 1.2 학년 말이 되기 전이라도 학부모의 진심이 담겼다고 판단되고 거절하는 것이 오히려 학부모의 자존심을 상하게 할 수 있는 경우라고 여겨지면 감사하며 받아들이는 것이 더 적절할 것이다. 예컨대, 부모 대신 손자를 돌보는 할머니가 손자의 선생님에게 주고 싶어서 밭에서 캔 고구마를 한 봉지 들고 오셨다면 고맙고 반갑게 받는 것이 더욱 적절한 행동일 것이다.
2 적절치 못하다고 판단되는 선물이나 촌지는 정중하고 확고한 태도로 거절한다.	2.1 자녀에 대한 특별한 대우를 바라는 의도, 혹은 자녀에 대한 교사의 태도가 불성실해질 것을 방지하는 의도에서 주어지는 선물이나 촌지라면 거절하는 것이 교사 자신을 위해서나 아동교육을 위해서나 적절하다. 학부모가 진심으로 감사한 마음에서 선물이나 촌지를 했다고 여겨질 때라도, 혹시라도 오해의 여지가 생길 수 있으리라고 판단되면 그 역시 거절하는 것이 현명하다. 2.2 거절할 때는 교사에게 선물을 하고 싶은 학부모의 마음은 이해하고 감사히 여기지만, 선물을 받아들일 수 없음을 정중하고 분명하게 전달한다. 거절에 대해 부모가 불쾌감

을 나타내거나 고집을 부리더라도, 교사의 말이 진심이며 변하지 않음을 부모가 받아들일 때까지 확고하게 전달한다.

2.3 교사 몰래 두고 갔거나 집으로 배달된 경우라면 전화를 하여 다시 가져가 줄 것을 정중히 요청한다. 부모가 고집을 부리더라도 만약 가져가 주지 않으면 아동 편에 보낼 수밖에 없다는 말 등으로 거절의 뜻을 확고하고 일관성 있게 전달한다.

3 평상시 교사가 모든 아동에게 개인적인 관심과 공평하게 사랑을 쏟음으로써, 학부모들이 촌지에 대한 염려를 불식할 수 있도록 한다.

3.1 학부모의 부적절한 선물이나 촌지가 없어지도록 하기 위해서는, 교사가 평상시에 가정적 배경이나 학부모의 행동에 상관없이 모든 아동에게 공평하게 관심을 쏟는다는 것이 일관성 있게 나타나는 것이 필수적이다.

3.2 저학년 아동일수록 학부모가 자주 학교에 찾아오는 것 자체가 아동에게 든든한 지지대가 되는 경우가 많고, 학부모가 학교에 오지 못하는 아동들은 상대적으로 결핍감을 느끼기 쉽다. 따라서 교사는 후자의 아동들에게 오히려 보다 많은 관심을 쏟음으로써 기를 살려 주고 교사가 공평하게 아동들을 대함을 보이는 것이 바람직하다.

3.3 학년 초기의 두세 달 정도가 학부모들이 담임의 교육관과 성품에 대해 파악하는 중요한 기간이므로, 그동안 교사가 선물과 촌지에 대해서 확고한 태도를 일관적으로 보이는 것이 중요하다. 선물이나 촌지에 대한 학부모들의 탐색전도 5월 스승의 날이 지나고 나면 대체로 끝날 수 있으며, 그 이후에는 불편한 일이 줄어들 것이다.

4 선물이나 촌지는 받지 않지만, 학부모와의 대화 통로는 열려 있음을 학부모들에게 전달한다.

4.1 부적절한 선물이나 촌지를 교사가 받지 않는다 하더라도 아동교육을 위한 학부모와의 대화는 언제든 환영함을 학부모들에게 알린다. 학부모가 교사에게 전화로 상담을 할 수 있는 시간 및 학부모가 학교를 방문하여 교사와 상담을 할 수 있는 시간 등을 알려 주고 학부모의 적극적 협조를 요청한다.

4.2 교사 측에서 학부모에게 메일을 보내거나 전화를 하는 등 아동교육을 위한 대화와 협조에 대한 교사의 자세가 적극적임을 보이도록 한다.

4.3 아동의 가정적 배경에 상관없이 교사가 아동 개개인에게 관심을 쏟고 학부모와도 적극 소통하려는 자세를 견지하며, 부적절한 선물이나 촌지를 확고한 태도로 거절하는 깨끗하고 헌신적인 교사라는 평이 난다는 것은 아동과 학부모의 존경을 받는 중요한 요건이자 교직의 보람을 누리는 길이기도 하다.

10. 동료교사인 학부모

 행동특성

• 담임학급 아동의 학부모가 같은 학교나 가까운 학교에 근무하는 교사다.

• 혹은 담임학급 아동의 학부모가 교사로서 담임과 개인적으로 이미

알고 있는 관계다.

- 동료교사의 자녀는 매우 모범적이고 적응적인 아동들도 많은 반면, 학교생활에 부적응적이고 문제행동이 많거나 특별한 대우를 원하는 경우들도 있다.

- 동료교사는 자녀가 문제행동이 많고 부적응적임을 수치스럽게 여기고 담임과의 대화 자체를 피하기도 한다.

- 자녀의 문제 자체를 부정하거나 자기 자녀에게는 어떻게 대해야 한다는 것을 담임교사에게 가르치고 지시하려는 듯한 태도를 보이는 경우도 있다.

- 담임교사가 학부모 동료교사에 비해서 경력이 짧은 경우 학습지도나 생활지도 등에 대해서 조언이나 가르침을 제공하려는 태도를 보이기도 한다.

🎁 유의점

① 담임학급 아동의 학부모 중에 동료교사가 있는 경우가 종종 있다. 선후배 사이거나 기타 개인적으로 아는 교사인 경우도 있고, 때로는 같은 학교에 근무하는 동료교사가 자신의 자녀들을 같은 학교에 전학시켜서 출근 시에 함께 데리고 등교하는 경우도 있다. 부득이한 사정으로 교사인 부모와 자녀가 같은 학교에 다니게 되는 경우도 있지만, 다른 선택의 여지가 있는 경우라도 부모가 자녀를 같은 학교에 두고 싶어 해서 일부러 그런 경우들도 있다. 학부모인 동료교사의 선택 여부와 상관없이, 담임교사에게 동료교사 학부모는 대체로 불편하고 어색한 관계로 지각되는 경향이 많다.

② 아동이 매사에 모범적이고 적응적이라면 동료교사 학부모와 담임교사의 관계는 비교적 편안할 수 있다. 아동에 대한 칭찬과 인정이라면 담임교사도 동료교사 학부모에게 편안하게 전할 수 있고, 아동의 학업과 성격 및 진로 등에 대해서도 서로 의견을 나누고 협조할 수 있으며 아동의 작은 변화도 서로 알려 주거나 질문할 수 있는 등 편리한 점들이 많다.

③ 그러나 담임교사로서 아동이 부적응적이고 문제행동을 보일 때에는 일반 학부모들보다 동료교사 학부모인 경우가 훨씬 더 조심스럽게 느껴지기 마련이다. 동료교사 학부모가 자녀의 문제를 인식하지 못하고 있다고 느껴질 때는 담임교사에게 더욱 불편하고 힘든 일이다. 자칫 잘못 전달되면 동료교사와의 관계에 지장이 생길 수 있는 민감한 주제이므로, 담임교사는 조심스레 접근하여야 할 것이다. 하지만 결국 담임교사의 아동에 대한 관찰과 의견은 학부모에게 전달되어야 아동교육에 도움이 된다는 점은 학부모가 동료교사라도 마찬가지다.

④ 대체로 교사인 학부모들은 자기 자녀를 다른 학부모들보다 더 잘 안다고 믿는 경향이 있다. 교육학적 지식도 많으며 학생들을 많이 보아 왔고 지도해 보았기 때문에 자녀도 객관적인 관점으로 파악할 수 있다고 믿는 것이다. 그러므로 동료교사 학부모와 아동에 대해서 대화를 나눌 때는 특히 구체적 관찰기록 및 자료들의 중요성이 커진다. 동료교사 학부모에게 아동에 대한 구체적 관찰기록과 자료들을 보여 주며 이전의 학교생활과 다른 점 및 비슷한 점, 집에서 아동이 보이는 행동들과 다른 점 및 비슷한 점 등에 대해서 질문하면 아동에 대해서 동료교사 학부모가 보다 객관적 평가를 내리도록

하는 데 효과적이다.

⑤ 담임교사가 아동에 대한 평가와 의견을 동료교사 학부모에게 먼저 전달하는 것보다는, 동료교사 학부모가 아동에 대한 평가 및 의견을 먼저 제시할 수 있도록 하는 것이 좋다. 동료교사 학부모의 생각을 먼저 들어 보면 담임교사의 생각과 얼마나 비슷하거나 다른지를 파악할 수 있고, 따라서 담임교사가 자신의 의견을 어떻게 전달하는 것이 좋을지를 결정하기가 수월해지기 때문이다.

⑥ 동료교사 학부모와 담임교사의 의견이 다르더라도 담임교사의 의견이 학부모에게 전달되는 것이 아동을 위해서 결국에는 도움이 된다는 점을 기억하는 것이 중요하다. 동료교사 학부모와 껄끄러운 관계가 될까 봐 아동의 문제에 대한 교사의 의견을 학부모에게 알리지 않거나 적극적 개입을 피하게 된다면, 아동은 적절한 시기에 적절한 개입을 받지 못하게 된다. 이는 아동의 성장을 도와야 하는 교사로서의 의무를 게을리하는 것과 마찬가지다.

🎁 상담의 장기적 목표

① 아동에 대한 구체적 관찰기록 및 자료들을 제시하여 동료교사 학부모가 자녀에 대해서 객관적 평가를 할 수 있는 가능성을 높인다.

② 아동에 대한 동료교사 학부모의 의견과 그 근거를 잘 경청한다.

③ 동료교사 학부모와 담임교사의 의견이 다르더라도 담임교사의 의견을 학부모에게 전달하고 충분히 논의하여 합의된 평가를 이끌어 낸다.

④ 동료교사 학부모와 담임교사의 합의된 평가에 근거하여 아동에게 가장 적절한 개입방안을 함께 도출해 낸다.

⑤ 가정과 학교에서의 개입이 상호보완적으로 상승작용을 할 수 있도록 함께 적용하고, 적용과정 및 효과에 대해 서로 정보를 긴밀하게 주고받으며 점검한다.

🎁 상담의 단계적 목표와 구체적 접근방안

단계적 목표	구체적 접근방안
1 아동의 이전 학년까지의 학교생활 및 가정에서 보이는 모습 등에 대해 질문한다.	1.1 아동의 이전 학교생활이 어떠하였는지, 가정에서 아동이 보이는 모습은 어떠한지 등을 질문한다. 1.2 아동에 대해서 동료교사 학부모가 이전 학년 및 최근에 가지고 있는 생각과 느낌 및 그 근거에 대해서 경청한다.
2 아동에 대한 구체적 관찰기록과 자료들을 동료교사 학부모에게 제시하고, 이전 학교생활 및 가정에서 보이는 모습과의 유사점과 상이점을 논의한다.	2.1 일반 학부모들과 아동에 대해서 대화를 나눌 때도 아동에 대한 구체적 관찰기록과 자료들이 중요하지만, 동료교사 학부모인 경우에는 더욱 중요성이 커진다. 2.2 다양한 상황에서의 아동행동에 대한 구체적 관찰기록, 일화기록, 아동의 글이나 그림 등의 자료를 누적적으로 모아 두었다가 동료교사 학부모와의 상담에 제시한다. 2.3 관찰기록과 자료들은 아동의 문제를 보여 주는 것들뿐만 아니라 아동의 장점 및 성취 등 긍정적인 내용도 반드시 포함되도록 유념한다. 2.4 이전 학교생활 및 가정에서 보이는 모습과 담임교사가 제시한 기록 및 자료와 유사점 및 상이점에 대해서 살펴본다.

3 제시한 관찰기록과 자료에 대한 동료교사 학부모의 생각을 들어 본다.

〔3.1〕 현재 담임이 제시한 관찰기록 및 자료들이 이전 학년 및 최근에 동료교사 학부모가 아동에 대해 가진 생각들에 어떤 영향을 미치는지 질문한다.

〔3.2〕 기존의 걱정이나 기대를 강하게 하는 점들이 있다면 무엇인지, 기존의 생각과 상반되는 점들이 있다면 또 무엇인지, 그 이유는 무엇인지 등을 상세하게 살펴보도록 한다.

4 아동에 대한 동료교사 학부모의 평가와 담임교사의 평가가 기본적으로 같다면, 개입방안을 의논한다.

〔4.1〕 아동에 대한 동료교사 학부모의 평가와 담임교사의 평가가 기본적으로 같다고 여겨지면, 담임교사의 평가도 같다고 말해 주고 그 근거도 함께 설명한다.

〔4.2〕 세부적으로 다소 평가가 다르더라도 기본적으로 같다고 여겨지면 바로 개입방안의 논의에 들어간다.

〔4.3〕 개입방안은 아동의 문제를 해결·예방하고 성장을 촉진하기 위해 동료교사가 학부모로서 개입할 것과 담임교사가 개입할 것으로 나누되, 두 개입방안이 상호보완적이고 상승작용을 가져올 수 있도록 구안한다.

5 아동에 대한 동료교사 학부모의 평가와 담임교사의 평가가 많이 다른 경우라도, 담임교사의 평가 및 그 근거를 주의 깊게 전달한다.

〔5.1〕 아동에 대한 평가가 학부모와 교사 간에 차이가 큰 경우, 특히 그 학부모가 동료교사라면 교사가 아동에 대한 의견을 분명히 전달하는 것이 매우 조심스럽고 불편한 일이다. 그렇더라도 담임교사의 의견은 학부모에게 분명히 전달되어야 아동에 대한 최선의 교육방안을 모색할 수 있다.

〔5.2〕 담임교사가 아동에 대해서 전반적으로 어떻게 평가하고 있는지, 아동의 장점과 자원은 무엇이라고 보며 문제는 무엇이라고 보는지, 그 근거는 무엇인지 등을 조리 있게 동료교사 학부모에게 설명한다.

6 담임교사의 평가에 대한 동료교사 학부모의 생각과 느낌을 경청하고, 충분한 논의를 거쳐 합의할 만한 평가를 함께 도출해 낸다.	6.1 담임교사의 아동에 대한 평가를 듣고 동료교사 학부모가 가진 생각과 느낌 등을 잘 경청하고 공감적으로 이해하는 태도를 보인다. 6.2 담임교사의 평가와 동료교사 학부모의 평가 중 어느 쪽이 더 옳은지를 가리려 하지 말고, 두 평가가 왜 다른지를 함께 생각해 보고 두 평가를 모두 참조한다면 어떤 새로운 평가를 내릴 수 있는지 논의해 본다. 6.3 만약 담임교사와 동료교사 학부모 간에 합의할 만한 평가를 도출해 내지 못하고 계속 의견이 다르다면, 두세 주 정도 각자 아동을 관찰한 후에 다시 논의하기로 한다. 6.4 평가에 합의한다면, 아동에 대한 개입방안을 설정한다. 아동의 장점을 더욱 살리고 문제행동을 교정하기 위해 동료교사 학부모가 가정에서 개입할 부분과 담임교사가 학교에서 개입할 부분을 각각 논의한다.
7 가정과 학교에서의 개입방안 진행과정에 대해서 정보를 상호교환하고 논의한다.	7.1 학부모가 동료교사이면 가정과 학교에서 개입방안이 진행되는 과정에 대해서 정보를 상호교환하고 논의하는 데 매우 유리하다. 7.2 담임교사와 학부모는 개입방안이 잘 적용되고 있는지, 수정할 점은 무엇인지, 아동의 변화양상은 어떤지 등에 대해서 수시로 정보와 의견을 나눔으로써 개입의 효과를 높이도록 한다.

11. 학교보다 사교육을 중시하는 학부모/
학교나 교사의 권위를 존중하지 않는 학부모

🎁 행동특성

- 학교 수업시간에 자녀를 조퇴시킨다.
- 자녀가 학교에 오지 않고 현장체험학습 신청서를 내는 일이 많다.
- 시간표와 달리 운영되는 교과과정이나 수업내용에 대해 교사에게 문제를 제기한다.
- 교육내용이나 교육활동에 대해 타 학교나 외국학교와 비교를 한다.
- 현장학습이나 학교의 외부활동에 자녀를 참여시키지 않는다.
- 자녀에게 학원이나 개인교습 등 사교육을 많이 시킨다.
- 여러 경로를 통해 교사의 경력이나 출신학교 등을 알아본다.
- 아동이 학교에서 쉬는 시간에 학원 숙제를 하는 것을 문제로 여기지 않는다.
- 교사에게 자녀의 청소시간이나 수업 외 활동(학예회 연습 등)을 면제해 달라고 요청한다.
- 학교에서 내주는 자녀의 과제에 관심을 갖지 않는다.

🎁 유의점

① 학부모 입장에서 그릇된 관행인 줄 알면서도 동조하게 되는 것 중의 하나가 경제적인 어려움을 무릅쓰고서라도 자녀에게 과외나 학원을 다니게 하는 것이라고 한다. 남이 하니까, 나만 안 하면 내 자

녀가 피해 볼까 불안해서, 내 자식을 남과 차별화하기 위해서 등등 나름 이유야 다르겠지만, 문제는 학교교육보다 사교육을 더 중시하여 아동이 학교교육이나 학교활동을 등한시하는 것이다. 교사의 입장에서는 학교나 교사를 존중하지 않는 부모가 불쾌할 수도 있다. 더욱이 아동이 학교에서 잘못을 하게 되면 자신도 모르게 그 원인을 부모의 행동으로 돌리게 되어 학부모를 만나더라도 상담자로서 공감적이고 수용적인 자세를 견지하기가 어려울 수 있다. 학부모 역시 방어적인 자세를 취하게 되어 신뢰로운 상담관계가 형성되기 쉽지 않다. 교사는 이러한 부모에 대해 갖는 자신의 생각과 태도를 돌아보고 상담자의 자세를 취하려는 노력을 해야 한다.

② 교사의 입장에서 보면 하교 후 아동을 이리저리 끌고 다니며 무리한 교육열을 보이는 부모가 못마땅해 보일 수 있다. 사교육에 몰두하고 있는 학부모의 교육관이 그릇되고 바람직하지 않다 하더라도, 교사의 판단이 옳다고 주장하거나 사교육을 그만두는 것이 좋겠다고 판단적 조언을 하는 것은 바람직하지 않다. 부모마다 자녀교육관이 다르고 그 결과도 예측할 수 없기 때문이다. 따라서 상담과정 중에 사교육의 부적절함과 부당함을 논하기보다는 학원 등에 몰두하게 되면서 나타나는 아동의 문제행동에 초점을 맞추어 부모 스스로 아동의 성장을 위해 어떻게 해야 할지 판단하고 결정하도록 돕는 것이 중요하다. 아동의 잘못에 대해 학부모를 비난하는 듯한 말투나 느낌을 주지 않도록 조심하면서 주로 탐색적인 질문을 통해 부모 스스로의 생각과 느낌을 정리하도록 도와주는 것이 필요하다.

③ 이런 부모의 경우 스스로 사교육에 열중하는 이유를 학교나 교사가 아동 개인에게 관심을 두지 않고 능력을 인정하지 않기 때문이라고

생각한다. 게다가 아동의 문제행동으로 인해 상담을 요청받게 되면 교사는 아이의 문제점만 지적한다고 생각하여 보다 방어적이고 부정적인 태도를 보일 수 있다. 따라서 학부모상담 이전에 아동행동을 면밀히 관찰하여 아동의 긍정적인 측면이나 강점에 대해 부모에게 전달하는 것이 중요하다. 아동이 작은 것이라도 성취를 하거나 바람직한 행동을 할 때 칭찬하고 인정하며 이를 학부모에게도 전달함으로써 교사가 아동에게 긍정적인 측면에서의 관심과 애정을 가지고 있다는 것을 알린다. 또한 학년 초부터 아동에 대해서 교사가 관찰·기록한 내용 및 아동의 행동특성이나 성취를 보여 주는 기록 등 구체적 자료들을 보여 주면서 학부모와 이야기를 나누게 되면 교사가 무관심하다는 오해를 어느 정도는 해소할 수 있다.

🪴 상담의 장기적 목표

① 학부모와 교사가 아동의 성장과 문제해결을 위해 서로 존중하고 협조하는 관계를 형성한다.

② 학부모가 자녀에 대해 보다 객관적인 평가를 하도록 돕는다.

③ 자녀의 학교생활영역 전반에 관심을 갖고 자녀가 학교생활에 잘 적응하도록 돕는다.

④ 학부모로 하여금 학교와 교사의 권위를 존중하도록 한다.

⑤ 학부모가 아동의 문제행동을 적극적인 방식으로 해결하도록 조력한다.

⑥ 학부모가 아동의 학습에 지나친 압력을 주지 않고 놀이와 학습의 균형을 이루도록 한다.

🪴 상담의 단계적 목표와 구체적 접근방안

단계적 목표	구체적 접근방안
1 학부모상담에 임하는 학부모의 불편한 심경을 이해한다.	1.1 이런 학부모의 경우 학교에 오는 것 자체를 부담스러워한다. 학교나 교사의 교육방침이나 교육방식에 대해 불신감이 클수록 학부모상담의 필요성을 못 느낄 수 있다. 따라서 교사와 마주하는 시간이 부담스럽고 귀찮을 수 있다. 교사는 상담자로서, 내담자는 어떠한 감정도 느낄 수 있으며 상담자는 이러한 내담자의 심경을 헤아리는 것이 중요하다는 것을 인식한다.
	1.2 학부모상담을 위해서 학부모가 학교에 와 준 것에 대해 진심으로 감사의 뜻을 전한다.
	1.3 학부모상담에 임하는 학부모의 현재 심정에 대해 알아본다. 이때 학부모가 부정적 감정을 표현하더라도 불쾌해하지 말고 왜 그런 기분이 드는지를 공감적 이해의 자세로 경청한다. 자신의 불편한 심정을 상담자인 교사가 존중해 주면 초기의 방어적인 태도가 다소 누그러질 수 있다.
2 아동의 학교에서의 생활 전반에 관한 교사의 평가를 전달한다.	2.1 이런 부모의 경우 아동의 학교생활에 대해 무관심할 수 있다. 아동의 수업 중 태도, 교우관계, 교사와의 관계, 규칙준수와 관련된 행동, 과목별 성취 정도 등과 관련하여 교사가 평가하는 바를 학부모에게 전달한다.
	2.2 이때, 아동의 문제행동과 관련된 부정적인 평가에 앞서 각 영역에서 아동의 긍정적인 측면과 강점을 먼저 언급한다. 교사가 아동의 부정적인 측면만 보는 것이 아니라 아동을 균형 잡힌 시각으로 보고 있음을 전달한다.

	2.3	아동에 대한 평가를 전달할 때는 교사의 추론을 뒷받침해 주는 구체적인 실례와 함께 제시하는 것이 좋다(예를 들면, "○○는 창의력이 정말 뛰어납니다. 지난 재량시간에 모둠별로 미래의 자신의 모습을 그리도록 했는데 남다른 발상으로 모두를 깜짝 놀라게 했답니다."). 이는 아동에 대한 교사의 관심을 전하는 기회가 된다.
	2.4	아동의 문제행동에 대해서도 실례나 구체적 사건을 함께 제시한다.
3 아동에 대한 교사의 평가에 대해 학부모가 어떻게 받아들이는지 확인한다.	3.1	교사의 전반적인 평가 및 아동의 문제행동에 대한 교사의 언급에 대해 학부모가 어떻게 생각하고 느끼는지 질문한다. 가능하면 솔직하게 반응해 달라고 요청한다.
	3.2	아동에 대한 교사의 평가와 학부모 자신의 평가를 비교할 때 서로 일치하는 부분과 일치하지 않는 부분이 어떤 것인지 확인한다.
	3.3	학부모와 교사의 평가 중 일치하지 않는 부분의 구체적인 내용을 보다 집중적으로 탐색한다. 이런 부모의 경우 교사보다 자신이 아동에 대해 더 잘 안다고 생각한다. 학교에서의 생활도 잘 알고 있다는 태도를 취한다. 그렇게 생각하는 근거는 무엇인지 다양한 질문을 통해 확인한다.
4 교사의 평가를 기반으로 학부모가 아동에 대해 보다 객관적인 평가를 내리도록 조력한다.	4.1	학부모상담을 통해 새롭게 알게 된 자녀의 모습이 있는지 확인한다. 이런 부모들의 경우 자녀가 대부분의 시간을 학교와 학원에서 보내게 되므로 자녀와 함께할 시간이 거의 없다. 집에 돌아와도 해야 할 숙제가 많아 부모와 대화를 할 여유가 없다. 그러다 보면 자녀가 무슨 생각을 하는지 무엇을 원하는지

파악하기가 어렵다. 자녀의 연령이 높아질수
록 부모가 생각하는 자녀의 모습과 더 차이
가 있을 수 있다.

4.2 학교 이외의 상황(가정과 학원)에서의 아동
의 행동특성과 태도에 대해 알아본다. 학부
모가 피상적인 수준에서 그럴 것이라고 짐작
한 바를 얘기하지 않도록 주의를 준다. 예를
들어 학원 수업 중 태도는 어떤지, 또래관계
는 어떤지, 어떤 기분상태로 학원에 가는지
등에 관해 학부모가 실제 보고 들은 내용을
중심으로 평가해 달라고 요청한다.

4.3 아동이 어떤 상황에서는 긍정적 행동을 보이
고 어떤 상황에서는 부정적 행동을 나타내는
지 구분해 보도록 한다. 아동이 기분 좋아 보
일 때와 언짢아할 때는 언제인지, 아동의 강
점과 자원은 무엇이며 취약점은 무엇인지 등
을 학부모와 함께 종합적으로 평가해 본다.
이 과정을 통해 학부모가 아동에 대해 보다
깊이 있게 이해하도록 조력한다.

5 부모의 학교에 대한 불
신이 아동에게 미치는
영향을 파악한다.

5.1 평소 부모로서 학교나 학교생활에 관해 자녀
에게 자주 하는 말이 무엇인지 되돌아보도록
한다. 예를 들면, "학교가 뭐 그래." "학교에서 배
우는 것 가지고는 안 된다니까."라는 말을 자주
하지는 않는지 생각해 보도록 한다. 사교육
에 관심을 많이 두는 부모일수록 학교교육에
대한 불신이 깊기 때문이다.

5.2 아동이 집에 와서 학교나 교사, 학교생활에 대
해 주로 무엇을 어떻게 얘기하는지 확인한다.

5.3 아동의 말과 행동에 비추어 볼 때 학교나 교
사에 대해 어떤 생각과 감정을 가지고 있다

고 생각하는지 부모의 의견을 확인한다. 학부모로 하여금 아동이 그렇게 생각하고 느끼는 이유에 대해 추론해 보도록 한다.

5.4 아동의 학교에 대한 생각이 학교에서의 문제행동과 어떠한 관련이 있다고 생각하는지 질문하여 학부모 스스로 연계성을 찾아보도록 한다.

5.5 자녀는 부모가 계획하지 않았지만 무심히 하는 말이나 행동에도 영향을 받는다. 부모가 학교나 교사에 대한 불신을 가지게 되면 자녀 역시 학교에 대한 존중감이 없어지거나 학교생활에 대한 불안감이 생길 수 있음을 지적한다.

6 학교교육 및 학교 외 교육에 대한 학부모 자신의 생각과 감정을 확인한다.	6.1 학부모는 자녀의 교육과 성장을 위해 가정에서 어떤 노력을 하고 있는지, 그 노력의 결과는 어떻다고 생각하고 느끼는지 확인한다.
	6.2 자녀를 위한 노력들이(사교육과 관련된) 자녀에게 도움이 되는지 질문을 통해 확인한다. 도움이 된다면 어떤 측면에서 도움이 되는지, 도움이 안 된다면 왜 그렇다고 생각하는지 질문한다.
	6.3 학교교육 중 자녀의 성장에 도움이 되는 부분은 무엇인지 그렇지 않다고 생각하는 부분은 무엇인지 파악한다.
	6.4 아동에게 사교육을 받게 하는 이유에 대해 탐색한다. 이때 사교육을 받는 것이 좋지 않다는 어감이 전달되지 않도록 주의한다. 경우에 따라서는 자녀의 능력을 조기에 확인하고 사적으로 특별한 도움을 받고자 하는 긍정적 의도가 있으며 이러한 부분은 마땅히 존

중되어야 한다. 목적이 분명하고 아동이 잘 따르고 아동에게 발전적 변화를 촉진시킨다면 문제 될 것이 없다. 개입이 필요한 경우는 지나치게 학원을 중시하고 몰두하여 아동에게 부정적 결과로 나타날 때다.

6.5 만일 사교육에 몰두하는 데 특별한 이유가 없다고 한다면, '남이 하니까.' '나만 안 하면 내 자녀가 피해 볼까 불안해서.' 혹은 '자녀를 돌볼 시간이 없어서.' '아이를 집에 혼자 두기가 미안해서.' 등의 이유로 학원에 보내는 것은 아닌지 탐색적인 질문을 통해 학부모 자신의 문제와 관련이 있는지 살펴본다.

7 아동의 문제행동이 일어나지 않는 '예외적 경우'를 확인하고 단서를 찾는다.	7.1 아동의 문제행동이 언제부터 나타나기 시작했는지, 문제행동이 어떤 경우에 더 많이 유발되는지, 또한 어떤 경우에서는 문제행동이 유발되지 않는지 확인한다. 문제행동이 늘 모든 경우에 나타나는 것은 아니며, '예외적 경우(제2장 62p. 참조)'라는 것이 존재한다. 예외적 경우를 확인하여 그때 사용된 방법이나 단서를 문제해결을 위한 자원으로 사용할 수 있다(예를 들어, 학원수업이 없는 날 학교에서 문제행동이 나타나지 않았다면 그날이 '예외적 경우'가 될 수 있음).
	7.2 가능한 한 '예외적 경우'를 많이 찾아낸다. 예외를 해결책으로 사용할 수 있으며 예외적 경우를 생각하고 말할 때는 대처할 수 있는 힘이 나오고 덜 좌절하게 된다.
8 아동의 문제행동과 관련된 다양한 단서를 찾아보고 해결책을 모색한다.	8.1 아동의 문제행동이 이전에도 나타났는지, 그때의 양상과 지금의 양상은 어떻게 다른지, 그때 부모가 문제를 해결하기 위해 사용했던 방법은 어떤 것이 있는지, 그중 어떤 방법

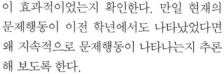

이 효과적이었는지 확인한다. 만일 현재의 문제행동이 이전 학년에서도 나타났었다면 왜 지속적으로 문제행동이 나타나는지 추론해 보도록 한다.

8.2 학교에서 아동에게 나타나는 문제들의 원인과 결과를 추론해 보도록 한다. 흔히 학원에 몰두하는 아동에게서 나타나는 문제들은 '학교에서 쉬는 시간에 학원숙제 하기' '수업 중 무력해하고 졺' '잦은 조퇴' '학교에서 친구들과 잘 못 어울림' '학교학습에 흥미를 못 느낌' '불안해하고 긴장되어 있음' 등이다. 아동에게 나타나는 각 행동의 원인과 영향을 구체적으로 추론해 보는 것이 좋다(예를 들어, 아동이 학교에서 학원숙제를 할 경우, 교사에게 들킬까 봐 조바심내고 불안해할 수 있고 친구들과 놀지 못해 속상해할 수 있음. 부모가 학원에 데려다 주기 위해 교문에서 기다릴 경우 아동은 하교 후 친구들과의 놀이에서 배제되어 점차 또래관계에 문제가 생길 수 있음. 친구들이 이 아동을 바쁜 친구로 알고 생일파티 등에 초대하지 않아 속상하고 우울함).

8.3 아동이 과도한 학업 스트레스를 겪고 있지는 않은지, 아동을 심하게 좌절시키거나 무력하게 만드는 요인이 있지는 않은지 교사와 학부모가 함께 찾아보고 추론한다.

8.4 이때 학교에서 나타나는 문제들의 원인이 꼭 학원 때문이라고 규정하기보다는 그 문제를 일으킨 원인 중의 하나일 수 있다는 점을 분명하게 전달한다. 다양한 원인이 추론될 수 있고 그에 합당한 문제해결을 하는 것이 아동을 위해 필요하다는 것을 알린다.

	8.5 아동의 문제행동을 해결하기 위해서는 원인으로 분석된 아동의 교육적 환경에서의 변화가 있어야 함을 강조한다. 예를 들면, 아동과 학부모가 함께할 수 있는 시간을 갖고 대화하는 것이 중요한데, 현재 상황에서는 아동이 시간 내기가 어려우니 아동의 생활에 변화가 필요하다는 것을 강조한다.
9 아동의 문제해결을 위해 학부모가 가정에서 무엇을 해야 할지 구체적 방안을 모색하도록 돕는다.	9.1 아동의 문제를 해결하기 위해 부모가 가장 시급히 해야 할 일이 무엇인지 우선순위를 정하도록 한다. 예를 들면, 아동이 다니는 학원 중 아동에게 현재 꼭 필요한 곳은 어디이고, 조금 쉬었다 해도 별 큰 문제가 없는 곳은 어디인지 중요도와 시급함의 정도에 따라 우선순위를 정하도록 한다. 이렇게 되면 부모의 판단에 따라 아동이 다니는 학원의 개수나 학원에 다니는 시간을 줄일 수도 있고 사교육에 관한 부모의 생각을 변화시킬 수도 있다.
	9.2 아동의 문제를 해결하는 과정에서 문제 자체를 없애려고 하는 것보다는 아동이 가진 강점을 강화시키고 활용할 수 있는 방안을 모색하는 것이 경우에 따라서는 효과적임을 알린다. 예를 들면, 학습성취도가 낮아 자신감이 떨어진 아동의 경우 학업성적이 떨어지는 과목을 과외수업하기보다는 그중 성적이 좋은 한 과목을 선택하여 아동이 어떻게 학습하고 있는지를 살펴보고 그 방법을 다른 과목에 적용시켜 보도록 부모가 아동을 격려하는 것이다.

	9.3 아동의 문제해결방안을 모색하는 과정에서 아동의 생각과 견해를 듣는 것도 필요하다. 자녀의 교육은 부모의 몫이라 하더라도 자녀 교육과 관련된 문제가 아동에게 발생했을 경우 아동 역시 고통받을 수 있으므로 자녀의 입장을 헤아리는 것이 중요하다는 것을 알린다. 아동의 감정을 부모가 공감적으로 이해하려고 노력하며 아동으로 하여금 자신의 감정을 적절히 표현하도록 격려하여 현재 문제가 발생한 환경에서 자신감을 잃지 않도록 해야 함을 알린다.
	9.4 학부모가 실행할 방안에 대해 언급하면 적극적으로 경청하고 이러한 부모의 노력에 대해 지지하고 격려해 준다. 이를 통해 학부모가 적극적으로 실행하려는 의도를 강화시킬 수 있다.
10 교사가 학교에서 아동의 문제해결을 위해 무엇을 할 것인가를 제시하고 학부모의 의견을 듣는다.	10.1 아동의 문제해결을 위해 학교에서 교사가 무엇을 어떻게 도와주었으면 하는지 학부모의 바람과 의견을 듣는다.
	10.2 교사가 아동의 문제해결을 위해 실행할 방안에 대하여 부모와 협의한 후 결정한다.
	10.3 가정에서 학부모의 역할과 학교에서 교사의 역할이 서로 조화를 이루기 위해서 상호 노력해야 할 것이 무엇인지에 대해 합의한다.
11 추후상담을 약속하고 학부모가 아동의 성장을 위해 지속적인 노력을 할 수 있도록 격려한다.	11.1 학부모와 교사가 아동의 문제해결을 위해 실행해 가는 과정에서 발생하는 문제점을 어떻게 해결할 것인가를 논의하기 위한 추후상담을 약속한다. 추후상담 약속을 하게 되면 학부모의 입장에서도 일회성 상담에 그치지 않고 나름대로 행동의 변화를 추진할 가능성이 높으므로 약속된 시간에 상담이 이루어지도록 미리 조처하는 것이 필요하다.

11.2 아동의 변화는 점진적으로 나타나므로, 아동의 문제행동이 쉽게 고쳐지는 것은 아니다. 학부모가 조바심 내지 않고 지속적으로 노력하도록 격려한다.

12. 교사에게 지나치게 친근하게 다가서는 학부모

🎁 행동특성

- 교사에게 전화나 문자 및 메일로 안부를 자주 묻는다.
- 교사에게 딸이나 아들 대하듯 하는 말투나 반말을 사용한다.
- 본인을 엄마/아빠처럼 편하게 생각하라고 하면서 어려운 일 있으면 뭐든지 자신에게 의논하라고 한다.
- 교사에게 자신이 만든 물건이나 음식(케이크, 김치 등)을 자주 가지고 온다.
- 교사에게 친구나 선후배처럼 지내자고 제안한다.
- 교사의 개인적 스케줄이나 활동에 대해 관심을 갖고 자주 물어보거나 그에 대한 정보를 제공한다.
- 교사에게 맞선을 주선하거나 자신이 활동하는 동호회 활동을 권유한다.
- 다른 학부모가 교사를 어떻게 생각하는지에 대해 교사에게 전한다.
- 교사의 집을 방문한다.
- 자신의 가족행사모임에 교사를 초대한다.
- 자녀에게 특별한 문제가 없는데도 불구하고 자녀를 위한 상담신청

을 자주 한다.

- 교실에 필요한 것이 없냐고 자주 묻는다.
- 밤늦게 아동문제가 아닌 자신의 사적인 문제를 상담하고자 전화한다.

🎁 유의점

① 보통 20~30대 교사의 경우 교사보다 나이가 많은 학부모들 중에 교사를 자신의 동생이나 조카처럼 대하는 경우가 있다. 이런 학부모의 경우 담임교사의 노고를 안쓰러워하거나 뭐든 해 주려고 하기도 한다. 교사의 입장에서 초기에는 이러한 학부모의 관심과 배려가 고맙게 느껴질 수도 있지만, 점차 시간이 지나면서 지속적이고도 지나친 관심이 부담으로 작용하게 될 것이다. 이럴 경우 우리 문화권에서는 사회적으로 윗사람이거나 나에게 호의를 베푸는 사람에게 직접적으로 호의를 거절하기란 그리 쉽지 않다. 다른 사람을 통해 간접적으로 표현하거나 우회적으로 거절하게 되면 그 의미를 잘못 해석할 수도 있다. 따라서 이런 경우 학부모에게 직접적이지만 예의를 다하여 정중하게 교사와 학부모는 일상적인 친분관계가 될 수 없으며, 더군다나 나이의 상하에 의한 수직관계가 아님을 분명하게 전달해야 한다.

② 연령대가 비슷한 학부모의 경우에는 교사와 친구처럼 지내자고 제안하기도 한다. 또한 학부모로서 교사의 입장과 노고를 충분히 이해하고 있고 학급 아이들에게 최선을 다하는 훌륭한 교사라고 인정한다. 따라서 학기 초에는 교사를 존중하는 태도를 취하다가 교사

와 만남의 횟수가 증가함에 따라 친해졌다는 생각으로 마치 친구나 후배 대하듯 과도한 친근함을 표현하기도 한다. 마음이 잘 통하니 친구가 되자고 제안하기도 한다. 그러나 교사는 학기 초부터 교사와 학부모의 관계 이상을 넘지 않도록 분명히 한계선을 긋는 것이 필요하다. 교사와 학부모는 아동의 교육과 성장을 위해 함께 노력하는 협조자라는 것을 강조하고 사적인 친분관계는 오히려 이러한 동맹관계를 해칠 수 있다는 것을 정중하면서도 단호하게 표현해야 한다.

③ 학부모의 지나친 호의나 친근감의 표현에 대해 교사가 정중하고도 단호하게 거절하였음에도 불구하고 계속해서 친근하게 다가서려고 하거나 혹은 거절의 의미를 학부모 자신을 무시하는 것으로 확대해석할 수도 있다. 이 경우 교사가 자신의 입장을 계속해서 설명하거나 반박할 필요는 없다. 중요한 것은 교사의 뜻을 분명하게 전달하고 일관된 자세를 유지하는 것이다. 학부모의 입장에서 처음에는 불쾌해할지도 모르지만 교사가 일관되고 분명한 입장을 계속해서 견지한다면 사적인 관계로 접근하기는 어려울 것이기 때문이다.

④ 이런 학부모의 경우 자녀에게 특별히 문제가 없는데도 불구하고 먼저 자녀에 관한 학부모상담을 요청할 수 있다. 교사의 입장에서는 자녀의 교육에 관심을 보이고 자녀를 보다 효과적으로 교육할 수 있는 방안에 대해서 교사에게 조언을 구하는 고객 유형의 학부모는 반가운 내담자다. 처음 만날 때부터 학부모가 교사를 불편해하지 않고 적극적인 태도를 보이면 교사와 학부모가 쉽게 친해질 수 있다. 그렇지만 혹시라도 학부모가 학부모상담을 교사와 친분을 다지는 계기로 활용할 생각을 하는 경우라면 주의해야 한다. 상담과정

이 교사와 학부모가 친분을 다지는 장이 되지 않도록 사담이나 학부모 개인적인 감정을 적절히 통제하고 아동문제나 아동발달에 관해 초점이 주어지도록 화제를 전환하는 것이 필요하다.

⑤ 평소 지나치게 친근하게 다가서는 학부모의 경우 학부모모임에서 특별히 교사와 친분이 있는 것처럼 말하거나 행동하여 다른 학부모의 감정을 상하게 하거나 교사를 난처하게 만들 수 있다. 미리 인사를 나눈 사이라 하더라도 학부모모임 등 공개적인 자리에서는 모든 학부모에게 같은 정도의 관심과 시간을 허락하는 등 좀 더 세심한 주의를 기울여야 한다.

🎁 상담의 장기적 목표

① 학부모와 교사는 아동의 성장을 위해 공동으로 노력하는 협조자 관계라는 것을 분명히 인식하도록 한다.

② 학부모가 교사에게 합당한 존중의 태도를 가져야 함을 인식하고 유지하도록 한다.

③ 학부모로 하여금 교사에 대한 자신의 바람과 기대를 확인하고 학부모로서의 한계를 넘지 않도록 한다.

④ 학부모의 행동으로 인해 교사가 갖는 불편한 심정과 아동교육에 미칠 수 있는 부정적 영향을 정중히 설명한다.

⑤ 학부모가 교사에게 갖는 관심을 자녀의 성장과 발달을 위해 활용할 에너지로 전환할 수 있도록 한다.

⑥ 학부모로서 교사에게 과도한 행위를 하지 않도록 요청한다.

🎁 상담의 단계적 목표와 구체적 접근방안

단계적 목표	구체적 접근방안
1 학부모상담 요청의 의미를 분명히 전달한다.	1.1 보통 교사가 학부모상담을 요청하게 되는 경우는 아동이 문제를 일으켰을 때다. 이러한 부모의 경우에도 교사가 상담을 요청하게 되면 아동에게 큰 문제가 생긴 것으로 알고 긴장할 수 있다. 상담 요청 시 "특별히 아동에게 문제가 있어서가 아니라 담임교사로서 아동을 잘 지도하기 위해 학부모님께 부탁드릴 말씀이 있다."라고 분명하게 밝히는 것이 좋다. 1.2 학부모의 행동에 대한 상담이므로 특별히 다른 교사나 아동들에 의해 방해받지 않을 조용한 장소를 선택한다. 이때 아동의 책상을 두고 마주하기보다는 교사의 책상 앞에 교사가 앉고 상대 쪽에 부모가 앉도록 하여 교사의 권위가 존중되어야 한다는 것을 상징적으로 표현하는 것이 좋다.
2 학부모의 심정을 공감적으로 이해하고 동시에 자신의 불편한 심정을 개방한다.	2.1 평소 친근하게 다가서는 학부모라 할지라도 교사로부터 상담요청을 받게 되면 부정적인 내용을 다룰 것이라고 예상하여 긴장하고 불안해한다. 특히 자녀를 위해 교사와 특별한 친분을 가지려고 했던 부모일수록 자신이나 아동이 뭔가 잘못했을 것이라고 짐작하고 심리적으로 더 불편해할 것이다. 따라서 상담 초기에는 이러한 학부모의 심정을 공감적으로 이해하고, 그럼에도 상담에 응해 준 점에 대해 진심으로 감사의 뜻을 전한다.

	2.2 교사의 입장에서도 상담요청을 하기까지 많이 망설였으며 이런 문제로 학부모와 마주해야 한다는 부담감과 상담을 어떻게 진행해야 할지, 혹시 학부모가 교사의 의도를 잘못 받아들이지는 않을지에 대한 두려움 등 여러 방면으로 심적 부담이 있었음을 진솔하게 전달한다(상담자의 자기개방). 이를 통해 학부모가 자신만 힘들고 부담스러운 것이 아니라 교사 역시 힘들어하고 있다는 것을 깨닫게 되고 또한 상담자의 진솔한 모습을 보고 자신도 진솔하게 반응할 수 있게 된다.
3 학부모와 교사는 아동의 성장과 발전을 위해 상호 협조하는 협력자 관계임을 분명히 한다.	3.1 학부모와 교사와의 만남은 아동이 긍정적인 방향으로 발전하도록 돕기 위해 시작된 것임을 전달한다. 같은 목적을 가진 한 팀의 팀원으로 서로 존중하고 지원할 때 공동의 목적(아동의 성장)을 달성할 수 있다는 것을 분명히 밝힌다.
	3.2 이 관점에 대한 학부모의 견해와 느낌을 말하도록 한다. 학부모가 동의한다면 각자 자신의 영역에서 1년 동안 협력자로서 아동을 위해 최선을 다할 것을 제안하고 상호 격려하기로 한다.
4 아동의 바람직한 성장을 위해 이전 학년까지 부모로서 어떤 노력들을 해 왔는지 확인한다.	4.1 아동이 학교생활에 잘 적응하게 하기 위해서 이전 학년까지 학부모가 어떤 노력을 해 왔는지 알아본다. 예를 들어 교우관계, 교사와의 관계, 학습 관련 부분, 아동의 자신감 확립 등을 위해 어떤 노력들을 기울였는지 구체적으로 질문하여 알아본다.

[4.2] 이 단계에서 이전 학년 교사들과의 관계는 어떠했는지 알아본다. 이런 학부모의 경우 아동을 위해 교사와 밀접한 관계를 맺는 것이 필요하다고 생각하여 매 학년마다 교사와 특별한 친분을 유지하려고 애를 썼을 가능성이 많기 때문이다.

[4.3] 학부모의 노력이 효과가 있었는지, 효과가 있었다면 어떤 측면에 도움이 되었으며, 효과가 없었다면 그 이유는 무엇이라고 생각하는지 자세히 들어 본다. 이 과정은 학부모 스스로 아동을 위하는 자신의 노력이 실제 아동에게 도움이 되는지를 탐색해 보는 기회가 될 수 있다.

5 학부모로서 교사에 대한 바람과 기대가 무엇인지 확인한다.

[5.1] 학부모로서 아동의 담임교사에 대한 기대나 바람에 대해 알아본다. 이때 학부모가 교사 앞이기 때문에 혹은 교사에게 잘 보이려는 의도로 "지금처럼만 하시면 된다."라거나 "특별한 사항이 없다."라고 말하지 않도록 주의한다. 아동 개인에게 있어 부모는 아동을 가장 잘 이해하고 있는 전문가로 아동의 성장을 위해 교사가 어떠한 자세로 노력을 해야 하는지 가장 많이 고민하는 사람임에 분명하다는 입장을 밝히고 아동을 위해서 진솔하게 말씀해 달라고 정중하게 요청한다. 이러한 교사의 태도는 학부모를 보다 협조적인 방향으로 이끌 수 있다.

[5.2] 이 과정에서 학부모가 교사의 입장을 생각지 않고 듣기 거북한 이야기를 하거나 교사를 난처하게 하는 이야기를 하더라도 불쾌해하지 말고 끝까지 경청하는 태도를 보임

으로써 '아동의 성장'을 위해 부모와 함께 협조자로서 일하고자 하는 태도를 견지해야 한다.

6 교사가 아동의 성장과 발전을 위해 어떻게 노력하고 있는지를 전달하고, 이러한 노력은 특정 학부모의 개입과 관련 없이 진행되는 일임을 이해시킨다.

6.1 교사가 학급 아동들을 위해 어떠한 노력을 하고 있는지를 자세하게 알려 준다. 예를 들면 학습, 생활태도, 교우관계 및 사회성 발달, 신체적·정신적 건강 등을 위해 교사가 구체적으로 어떤 노력들을 하고 있는지 전달한다.

6.2 이때, 해당 아동에 대해서 학년 초부터 교사가 관찰 기록한 내용 및 아동의 행동양태와 성취를 보여 주는 구체적 자료들을 제시하는 것이 효과적이다. 이 자료에는 아동의 긍정적·부정적 측면이 모두 포함되도록 하여 교사가 아동에게 관심과 애정을 가지고 있음을 전달한다. 해당 아동뿐 아니라 반 아동 전체에 대한 기록과 자료가 있음을 상기시켜, 특정 부모의 자녀에게만 관심을 두는 것이 아니라 교사로서 전체 아동 각각에게 필요한 관심과 애정을 가지고 있음을 전달한다.

6.3 교사가 하는 노력들에 관한 이야기를 듣고 학부모가 어떠한 생각과 기분이 드는지에 대해 질문하고 경청한다. 생각보다 많은 노력을 하고 있는 것에 대해 감사의 뜻을 표할 수도 있고 교사로서 당연한 것이 아니냐는 반응을 보일 수도 있다. 학부모로서 가지는 생각과 느낌을 있는 그대로 수용하고 공감해 주는 것이 중요하다.

7 학부모가 교사에 대한 언행이나 태도에 있어 합당한 존중의 태도를 표현하도록 요구한다.

7.1 20대나 30대 초반 교사의 경우, 학부모 입장에서는 자기보다 나이도 어리기도 하고 만남횟수가 늘어남에 따라 친해졌다는 느낌을 표현하기 위해 반말을 섞어서 대하기도 한다. 이때 교사는 학부모에게 교사에 대한 합당한 존중의 태도를 정중하게 요구해야 한다. 예를 들면 "제가 아직 경력도 짧고 어리지만, 저는 지금 ○○의 담임으로서 부모님을 뵙고 있습니다. 말씀하실 때 저를 담임으로 존중해 주셨으면 합니다." "저를 친근하게 여기시는 것은 좋으나 학부모님께서 담임교사인 제게 반말을 하시니 저로서는 매우 거북합니다."라고 시정을 요구해야 한다.

7.2 우리 문화권 내에서는 나이가 어린 사람이 윗사람에게 무엇을 요구하는 것을 무례하게 여기는 경향이 있어, 교사 입장에서는 불쾌하지만 그냥 받아들이는 경우가 있다. 그렇게 되면 학부모와 교사의 관계는 상호존중의 관계, 혹은 아동을 위한 협력자 관계가 되기 어려우며, 이는 아동과 교사와의 관계에도 부정적인 영향을 미치게 됨을 인식해야 한다.

7.3 나이대가 비슷한 학부모의 경우 친구나 선후배처럼 지내자고 제안하기도 한다. 이 경우 교사는 교사와 학부모의 관계는 일상적인 친분관계가 될 수 없음을 분명히 밝히는 것이 좋다. 교사와 학부모는 아동교육에 초점을 맞추는 협력자로서 둘 사이의 사적인 관계는 아동의 성장을 위한 공동의 목표를 수행하는 데 걸림돌이 된다는 것을 정중하

지만 분명한 태도로 전달하는 것이 좋다(예를 들면, "학부모님께서 저를 친근하게 여겨 주시는 것은 반갑고 고마운 일이나, 그렇게 되면 제가 ○○(아동)에게 관심과 애정을 갖기가 거북해집니다. 그러면 안 되지 않습니까?"). 특히 다른 학부모와 교사의 관계에 부정적인 영향을 줄 수 있다는 것을 분명히 인식해야 한다.

7.4 교사가 자신에게 호의를 표하고 친근함을 나타내는 학부모에게 직접적으로 그 호의를 거절하기란 그리 쉽지 않다. 그러나 거북한 말일수록 직접적으로 예의 바르게 전달하는 것이 학부모로 하여금 교사를 더욱 존중하게 한다.

7.5 학부모가 교사의 이러한 요구에 불쾌감을 나타내거나 이전의 언행이나 태도를 부정할 수도 있다. 이때는 굳이 반박하거나 논리적으로 따질 필요가 없다. 중요한 것은 교사의 뜻을 분명하게 전달하는 것이기 때문이다. 학부모의 심정이 불편해져 방어하려 한다는 것을 수용하고 상담자로서 자세를 견지하는 것이 중요하다.

8 학부모의 과도한 친근감의 표현으로 인해 교사가 심적 부담을 갖는다는 것을 이해해 주도록 요청하고, 과도한 행위를 삼가도록 유도한다.

8.1 학부모의 호의나 친근감의 표현으로 인해 교사가 불편해하고 있다는 것을 정중하게 전달한다. 예를 들면, "학부모님의 호의는 감사하나 저는 ○○의 담임으로 부모님을 뵙고 있는 중이므로 개인적 관심과 호의는 거둬 주셨으면 합니다. 제가 아이들의 담임으로서 역할을 하는 데 장애가 될 정도로 부담스럽습니다. 제가 담임 역할을 충실히 할 수 있도록 도와주셨으면 합니다."

8.2 이 과정에서 교사의 불편한 심정을 아동을 통해서 간접적으로 전달하지 않도록 주의한다. 아동이 개입될 경우 교사와 아동 간의 관계에 문제가 생길 수도 있고 학부모의 입장에서는 교사의 의례적인 인사로 받아들일 가능성이 있기 때문이다.

8.3 분명하게 교사의 입장을 밝혔는데도 불구하고 학부모가 계속해서 사적인 관심의 표현을 할 경우, 화를 내거나 불쾌해하지 말고 처음 의도한 대로 일관된 태도와 언행을 보이는 것이 중요하다. 학부모의 입장에서는 교사의 의도를 의심하거나 저의가 있을 것이라는 판단에 따른 행동임을 인지하고 교사로서, 상담자로서 일관된 태도를 보이게 되면 학부모의 생각이 달라진다.

9 아동의 교육적 발전과 성장을 위해 학부모가 지속적인 노력을 하도록 격려한다.

9.1 교사의 입장에서는 이러한 부모들의 자녀교육의 방향이 다소 어긋나 있는 것처럼 보일지라도 아동에 대한 관심과 애정은 어느 부모보다도 크다는 것을 인식하고 이에 대해 적극적으로 지지하고 격려해 주는 것이 필요하다. 자칫하면 학부모 나름대로의 아동을 위한 노력이 교사에게 통하지 못했다고 생각하여 의기소침해질 수 있다. 계속해서 아동에게 관심을 갖고 노력할 수 있도록 학부모의 노고를 격려한다.

9.2 학교에서 아동이 조금이라도 긍정적으로 변화하는 모습을 보였을 때 이를 학부모에게 전달함으로써, 아동의 성장가능성과 희망을 보게 돕는다.

9.3 평소 아동을 관찰한 결과를 바탕으로 하여 아동의 강점과 자원이 무엇인지, 좀 더 보강해야 할 취약점은 무엇인지 교사와 학부모가 합의하여 분석한다.

9.4 아동의 성장을 위해 학부모가 가정에서 어떤 노력을 기울일 것인지, 교사는 학교에서 무엇을 할 것인지를 의논한다. 가정에서 노력하는 가운데 발생하는 문제점이나 어려운 점이 있으면 언제든지 찾아와 상의할 수 있음을 알려 준다.

부록

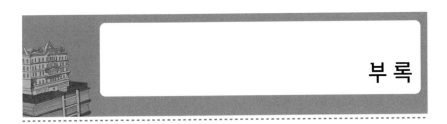

부 록

1. 학부모교육의 내용과 주요 프로그램

여기에서는 학부모교육의 내용 및 주요 프로그램을 소개한다. 교사가 학부모상담 시 방향을 설정하거나 조언을 제시하고자 할 때, 학부모를 위한 집단교육프로그램을 구안하고자 할 때 중요한 참고자료로 활용할 수 있으며, 필요시 학부모가 참여할 수 있는 교육프로그램을 소개하는 것도 도움이 될 것이다.

초등학생 학부모를 위한 교육의 주된 내용

(1) 자녀의 인내력과 근면성 함양을 위한 부모의 지원

초등학교 시기의 아동은 해야 할 일을 꾸준히 해낼 수 있는 인내력과 근면성을 기르는 것이 중요한 발달과업이다(Erikson, 1963). 정해진 바대로 규칙을 따르고 스스로 무엇인가를 해내는 힘을 기르도록 돕는 것이 유아기 자녀의 부모에게 중요한 일이었다면, 이제 아동기의 부모는 자녀가 하고 싶은 일이라도 하면 안 되는 일은 하지 않도록 하고, 해야 할 일은 하기 싫어도 꾸준히 완수해 낼 수 있도록 돕는 것이 중요하다.

초등학교 아동에게 가장 대표적인 과업은 학습이다. 이전에도 가정이나 유치원 등에서 다양한 학습이 이루어졌겠지만, 유치원 시기까지의 비교적 자유롭고 놀이 중심이었던 학습상황과 학교의 학습상황은 상당히 다르다. 대체로 학습집단의 규모가 커지고 놀이의 비중도 줄어들며 학습과제의 어려움도 커질 뿐 아니라 학습에서의 성공 여부가 아동의 성취감과 자아존중감 형성에 결정적인 역할을 하며 이후 학습의 밑바탕이 된다.

따라서 학부모는 적절한 도움을 줌으로써 자녀가 학습을 성공적으로 또 인내력 있게 해냄으로써 성공경험을 누릴 수 있도록 배려하여야 한다. 이러한 성공경험은 단기적인 외부의 도움에 의해서 좋은 성적을 내도록 하는 데서 얻는 것보다는, 스스로 해내는 경험과 학습능력의 배양을 통해서 얻도록 하는 것이 더욱 중요하다.

🌿 성공경험과 성취감을 맛보게 한다

자녀가 스스로 해낼 수 있다는 자신감을 가지게 하고 인내력을 기르게 하려면, 자녀가 현재 해낼 수 있는 수준부터 점차적으로 학습의 양과 수준을 높여 가는 것이 중요하다. 현재 할 수 있는 수준부터 점차적으로 늘려 나가면 성공경험이 쌓이게 되고, 성취감과 자신감이 생기며 학습에 대한 흥미도 높아질 수 있다. '할 수 없다.'라고 느껴지면 흥미가 생기기 어렵기 때문이다.

학습에 대한 성취감과 자신감은 스스로 해낼 수 있음을 확인하는 경험과 함께 주위의 인정이 있을 때 더욱 효과적으로 획득할 수 있다. 그러므로 부모는 자녀가 작은 것이라도 무언가를 성취했을 때 그 자체를 기뻐하고 적극 인정함으로써 자녀의 성취감과 자신감을 북돋아 주도록 할 필요가 있다.

지나치게 쉬운 과제를 해내는 일은 아동에게 성취감을 줄 수 없다. 따라서 현재 할 수 있는 수준을 정확히 파악하여 그보다 약간 높은 수준의 과제를 부여하는 것이 중요하다. 약간 높은 수준의 과제는 아동에게 도전감을 주며 다소의 노력을 들여서 성취하는 기쁨을 줄 수 있기 때문이다. 약간 높은 수준의 과제란 학습과제의 난이도에서뿐만 아니라 학습시간의 길이와 학습량에도 적용된다. 즉, 도전감을 느낄 만큼 약간 어려운 학습과제를 적절한 양만큼 적절한 시간 동안에 해내도록 하는 것이다. 그러자면 부모는 자녀의 학습이 과목별로 어느 수준에 있으며 어느 정도 진척이 되어 있는지, 한 번에 집중하여 해낼 수 있는 양과 시간이 어떤지를 정확히 파악하고 있어야 한다.

효율적 학습방법을 습득하도록 돕는다

주위에 아무리 좋은 교사와 학습자료가 있어도 결국 학습자인 아동 자신의 적극적인 자세와 노력이 있어야만 이루어지는 것이 학습이다. 최근 부모들은 좋은 학습자료를 제공하는 일이나 사교육에는 시간과 비용을 많이 투자하면서도, 정작 아동이 스스로 학습하는 방법을 익히도록 하는 데는 소홀한 경향이 보인다. 또한 아동으로 하여금 오랜 시간 동안 열심히 학습하도록 종용하면서도 단위시간 내에 가장 효율적으로 학습하여 최선의 성과를 낼 수 있도록 하는 학습방법에 대해서는 별 인식이 없다.

그러나 학습은 학습자 자신의 적극적인 참여과정이 가장 중요하며, 비효율적인 학습방법과 보다 효율적인 학습방법이 있음을 알 필요가 있다. 따라서 아동이 효율적인 학습방법을 배울 수 있도록 지원하는 것이 중요함을 부모가 인식할 수 있도록, 초등학교 학부모들을 대상으로 한 부모교육에서는 효율적 학습방법이 어떤 것인지, 그러한 학습방법을 자녀가 익히도록 하기 위해서 부모가 어떤 점들을 유의하여야 할 것인지 등을 포함하도록 해야 한다.

규칙적 학습습관을 형성하도록 돕는다

초등학교 시기는 규칙적으로 학습하는 습관을 반드시 길러야 할 때다. 초등학교 자녀에게 가장 대표적인 일인 학습을 규칙적으로 하는 습관을 기르면 학습의 효과가 높아질 뿐 아니라 인내와 근면성을 기를 수 있다는 점에서 더욱 중요하다. 학습을 규칙적으로 하는 습관을 기르지 못한 아동은 조금만 어렵거나 싫은 일은 쉽게 포기해 버리거나 충동적인 성향을 갖게 되어 중고등학교 및 그 이후의 힘들고 과중한 양의 학습이나 일을 견뎌 내지 못하고 쉽게 좌절하게 되며, 직업사회에의 적응도 그만큼 더 어려워지게 된다.

규칙적인 학습습관을 기른다는 것이 많은 시간과 양의 학습을 매일 규칙적으로 하도록 해야 한다는 뜻은 아니다. 적은 시간과 학습량이라도 규칙적으로 꾸준히 하도록 지도하는 것이 중요하다는 말이다. 오히려 지나치게 많은 학습시간이나 양을 매일 요구하면, 자녀가 학습에 대한 흥미를 잃게 되고 자율적 학습습관을 기르는 것이 더욱 어려워지게 된다.

그러므로 하루에 십 분간이라도 그날 학교에서 배운 내용을 복습하고 내일 배울 내용을 예습하도록 하는 것, 학교에서 돌아오는 대로 가장 우선적으로 숙제를 마치도록 하는 것 등에서 시작하되, 부모는 지나치게 욕심을 내지 말고 자녀의 연령과 학습능력에 적정한 수준과 양을 고려하는 것이 중요하다. 또한 자녀가 아무리 적은 시간이라도 계획한 대로 규칙적으로 해내면 칭찬과 격려를 아끼지 말아야 하며, 계획대로 공부를 마치고 난 다음에 자녀가 좋아하는 활동을 할 수 있도록 배려하여야 한다.

(2) 연령에 알맞은 놀이와 학습의 적절한 균형을 이루기 위한 부모의 배려

초등학교 시기에 학습의 기초를 다지고 규칙적인 학습습관을 형성하는 것은 매우 중요하지만, 부모는 자녀의 생활이 지나치게 학습 쪽으로 편중되지 않고 연령에 적절한 정도로 놀이와 학습이 균형을 이룰 수 있도록 배려하는 것도 잊어서는 안 된다. 놀이는 아동의 생활에서 쌓인 스트레스를 해소하여 건강한 성격을 형성할 수 있도록 한다. 아동은 여전히 놀이를 통하여 많은 것을 배우고 사회성과 문제해결력 및 창의력 등의 많은 능력이 함양될 수 있다. 놀이와 학습이 적절히 균형을 이룰 수 있도록 시간과 에너지를 분배하는 경험을 하게 되는 아동은 생활에서 활기와 적극성 및 능률성을 보일 수 있게 된다.

그러므로 부모는 자녀가 놀이와 학습에 시간과 에너지를 적절히 분배할 수 있도록 지도하고, 놀이할 때에 신나고 즐겁게 놀 수 있도록 배려하는 것이 중요하다. 또한 아동이 좋아하는 놀이를 스스로 할 수 있도록 허용하되, 하나의 놀이에만 빠지지 않고 다양한 놀이를 할 수 있는 기회를 제공하는 것도 필요하다. 놀이 중에서도 혼자서 하는 컴퓨터게임과 같은 놀이보다는 또래들과의 사회적 상호작용이 가능한 놀이를 많이 할 수 있도록 함으로써, 놀이를 통하여 즐거움도 누리는 한편 협동성과 지도성도 기를 수 있도록 하면 더욱 좋다.

(3) 용돈교육의 필요성과 지도방안에 대한 이해

돈을 지혜롭게 관리하고 계획적이고 규모 있게 사용하는 것은 성공적인 삶을 영위해 가는 필수적 지혜 중의 하나다. 초등학교 시기는 용돈을 처음 사용하기 시작하는 시기로서, 지혜로운 경제생활의 기초를 닦을 수 있도록 부모가 지도하는 방안을 초등학교 학부모교육에 포함할 필요가 있다.

초등학교 시기에 이루어지는 용돈교육은, 자녀의 나이와 절제력에 알맞은 액수의 용돈을 적절한 간격에 따라 주고 적절히 관리하도록 지도하는 것이 핵심이다. 대체로 3학년이나 4학년 정도가 되면 하루 이틀 정도씩 용돈을 계획해서 사용하고 관리하는 능력이 생기므로, 이때쯤 액수와 주는 횟수 및 간격을 정해서 지도하면 된다. 그러나 절제력과 계획성에 있어서 아동 개인별로 차이가 있을 뿐 아니라 상황도 다양할 수 있으므로, 아동의 능력과 상황에 맞추어 운용하도록 한다. 충동성이 강한 아동이면 고학년이라도 용돈을 조금씩 자주 주거나 필요할 때마다 액수를 의논해서 주는 것이 적절하며, 계획적이고 관리능력이 좋은 아동이면 저학년이라도 한 주에 한 번씩 모아서 줄 수 있을 것이다.

용돈을 정기적으로 주게 되면 처음에는 매일 혹은 이틀에 한 번씩 주고 점차적으로 그 간격을 늘려 나가도록 한다. 또한 용돈을 어디에 쓸지 미리 생각할 수 있는 기회를 가지도록 하기 위해서, 아침 등교 시에 주기

보다는 저녁에 잠자리에 들기 전에 용돈을 주거나, 용돈을 어디에 썼는지를 반드시 용돈정리장에 기록하도록 지도한다. 그러나 용돈은 아동이 자유롭게 쓸 수 있는 돈으로 주는 것이므로, 부모의 지도가 지나친 간섭이 되지 않도록 유의하는 것도 중요하다.

(4) 사춘기의 심리적·신체적 변화에 대한 준비

많은 아동이 초등학교 고학년이면 신체적으로 벌써 2차 성징의 발현을 보이며 사춘기를 맞이하게 된다. 따라서 사춘기를 맞이하기 이전인 초등학교 3, 4학년 정도부터 부모들은 앞으로 다가올 사춘기의 신체적·심리적 변화에 대해서 자녀에게 미리 이야기해 주고 대비를 시켜 주는 것이 바람직하다. 2차 성징의 발현과 함께 맞게 될 다양한 신체적 변화에 대해서 미리 알려 주고 그와 더불어 발생할 심리적 변화에 대해서도 알려 주며 그러한 변화에 순조로이 적응하는 방법과 자세에 대하여 자녀와 함께 대화를 나누도록 한다.

예전에는 사춘기와 청소년기를 '질풍노도의 시기'라고 이름하며 격동과 혼란을 경험하는 것이 일반적이라고 생각하는 경향이 있었으나, 이를 반증하는 경험적 연구들도 상당수 있다. 즉, 사춘기로 시작되는 청소년기가 개인적으로나 부모-자녀 관계에 있어서 이전의 유아기나 아동기와 별다름 없고 큰 혼란도 없이 무난히 보내는 경우도 절반가량 된다는 것이다. 이런 점에서 볼 때 사춘기를 큰 혼란이나 심한 갈등 없이 무난히 보내는 것은 원만한 부모-자녀 관계 및 유아기·아동기에 발달과업을 적절히 성취하는 것과 많은 관련이 있다는 것을 부모가 이해하는 것이 중요하다.

(5) 자녀와의 효과적 의사소통 양식에 대한 이해와 연습

자녀의 성장과정에서 부모가 많은 대화를 나누는 것은 항상 중요한 것
이나, 논리적 사고가 형성되고 자아가 보다 뚜렷이 형성되기 시작하는
아동기와 청소년기에는 부모가 자녀와 효과적으로 의사소통할 수 있는
능력을 갖추는 것이 더욱 중요하다. 자녀의 인지적 능력이 성숙하고 자
아가 보다 뚜렷이 형성되기 시작한다는 것은 그만큼 부모와 자녀 간에
갈등의 소지도 많아짐을 뜻하기 때문이다.

부모는 자신의 생각, 느낌, 바람을 자녀에게 분명하고 진솔하게 전달
하는 방법, 자녀의 마음을 진정으로 듣고 이해하는 방법, 부모와 자녀 간
에 갈등이 있을 때 이를 대화로써 해결하는 방법 등에 관해서 자세히 익
히고 반복된 연습을 통하여 실제 생활에서 이를 실천할 수 있도록 노력
하여야 한다. 다음에 부모-자녀 간에 있을 수 있는 부정적 의사소통 양
식과 효과적 의사소통 양식을 대비하여 제시하였다.

부정적 의사소통 양식	효과적 의사소통 양식
• 상대방을 비난하거나 방어적인 언어	• '나'를 주어로 하여 내 생각과 느낌을 진솔하게 전달하는 언어
• 중간에 말 가로막기	
• 설교하거나 훈계하기	• 귀 기울여 듣기
• 조소하는 투로 말하기	• 원하는 바와 생각을 간단히 언급하기
• 쳐다보지 않고 말하기	• 중립적이고 담담하게 말하기
• 말할 때 찡그리거나 부산하게 말하기	• 상대방을 응시하며 말하기
• 상대방 마음을 다 읽을 수 있는 것처럼 말하기	• 편안한 자세로 앉아서 말하기
	• 상대방 말을 반영하고 들은 내용을 확인하기
• 주제에서 벗어나기	
• 지시하고 명령하거나 위협하기	• 얘기하기로 한 주제에 머물기

• 과거지사 들추기
• 대화를 독점하기
• 현학적으로 말하기
• 언어적 표현과 비언어적 표현의 불
  일치
• 심리학적으로 해석하기
• 대꾸 않고 가만히 있기
	• 대안적 해결책을 제안하기
	• 현재의 내용에 초점 맞추기
	• 미래의 변화 가능성을 제안하기
	• 간단히 말하고 번갈아 가며 말하기
	• 상대방이 알아듣기 쉽게 간단하고 분
	  명하게 말하기
	• 말하는 바와 비언어적 표현의 일치
	• 상대방 말과 행동에 관련된 점들을
	  질문하기
	• 생각과 느낌을 분명히 표현하기

🎁 주요 부모교육프로그램

(1) 한국청소년상담복지개발원의 부모교육프로그램

1993년에 한국청소년상담복지개발원의 전신인 청소년대화의광장에서 '자녀의 힘을 북돋우는 부모(empowering parents)'라는 명칭으로 부모교육프로그램이 개발되기 시작하여, 이후 '자녀의 힘을 북돋우는 대화' '바른 행동의 길 다지기' '생활의 기틀 세우기' '어울려 사는 지혜 기르기' 등의 5개 부모교육프로그램이 개발된 후 지속적인 개정과정을 거쳐 오며 전국의 청소년상담실 및 학교를 통하여 보급되어 온 프로그램이다.

이 부모교육프로그램은 국내에서 하나의 학문 분야나 이론에 치우치지 않고, 동양과 서양, 전통과 현대의 차이를 극복하면서 한국 사회의 현실에 가장 적합한 자녀지도의 지혜를 찾으려는 목적으로 개발된 것으로, 부모가 자녀를 교육함에 있어서 기본적으로 갖추어야 하는 태도와 지식을 개관하고, 자녀의 올바른 성장을 위해서는 먼저 부모가 자신을 돌아보고 성장하는 것이 중요함을 강조한다. 자녀의 힘을 북돋우고 성장의 길을 닦는 역할을 하기 위해 부모가 변화해야 하는 점뿐 아니라 자녀를 대할 때 항상 지녀야 할 태도와 자질, 나아가 자녀를 생활 속에서 지도하는 구체적이고 세부적인 방법도 포함하고 있다. 청소년상담복지센터를 중심으로 이 프로그램을 실시할 수 있는 교수요원이 전국적으로 확보되어 있으므로, 각 학교에서 가까운 청소년상담복지센터나 한국청소년상담복지개발원에 요청하면 부모교육프로그램의 교재와 교수요원을 지원받을 수 있다.

(2) 한국지역사회교육협의회의 부모교육프로그램

1990년대부터 한국지역사회교육협의회에서 '부모에게 약이 되는 프로그램'이란 명칭으로 실시하고 있는 부모교육으로, 바람직한 자녀교육을 위한 다양한 정보 및 태도 습득을 목표로 하고 있다. 자녀의 진로지도, 부모자녀의 대화기법, 자녀의 학습관리, 기초육아법, 자녀교육관 정립, EQ개발, 성교육이 주된 내용이며, 강의와 토론 및 연습, 역할놀이 등으로 진행된다.

구체적인 프로그램으로는, 변화하는 사회와 직업세계에 대한 이해, 행복한 삶과 직업적성, 자녀의 진로와 준비교육 및 진로지도 등으로 구성되는 '우리 아이 이 담에 커서 뭐가 될까?', 성에 대한 가치와 태도 점검 및 성문화 이해, 성교육의 실태와 현황 및 필요성 이해, 성의 발달과정에 대한 부모의 지식 점검 및 올바른 이해, 자녀의 눈높이에 맞춘 성관련 질문과 성교육지침 등으로 이루어지는 '제대로 알면, 자녀의 성교육 문제 없어요.', 부모와 자녀의 일상대화 분석, 자녀와의 대화에서 부모가 지녀야 할 기본태도 및 효과적인 대화방법 등으로 이루어지는 '자녀들과 얘기할 때 당황한 적 많으시죠?' 등이 있다.

(3) 효과적 부모 역할 훈련(parent effectiveness training)

심리학자 고든(Gordon)에 의해 창시된 프로그램으로 1960년대 미국에서부터 시작되어 40개국 이상에 보급되어 왔으며, 우리나라에도 한국행동과학연구소 및 한국심리상담연구소에 의해서 보급되었다. 고든은 아동의 많은 정서적 문제가 부모-자녀 관계에서 생겨난 것으로 보고, 부모-자녀 관계를 개선할 수 있는 방법으로 이 프로그램을 발전시켰다. 인간중심상담이론을 주장한 로저스(Rogers)의 무조건적 수용, 듀이(Dewey)의 문제해결 단계, 아이비(Ivey)의 의사소통기법, 카커프(Carkhuff)의 조력기술 등에 기초하여 프로그램이 고안되었다.

부모의 자녀행동에 대한 수용선의 수준 파악하기, 문제의 소유 가리기, 반영적 경청, 나-전달법(I-message), 제3의 문제해결방법, 갈등해결을 위한 환경 재구성, 가치충돌에 대처하는 방법 등이 프로그램의 주요 내용으로 포함되어 있으며, 체험학습을 통하여 다양한 상황에서 부모가 스스로 적용할 수 있는 실제적 원리와 기술을 습득할 수 있도록 하고 있다.

(4) 적극적 부모 역할 훈련(active parenting today)

팝킨(Popkin)에 의하여 1980년대에 개발된 적극적 부모 역할 훈련은 자녀가 민주사회의 구성원으로 자라기 위해서 필요한 협동심·용기·책임감 및 자아존중감을 기를 수 있도록 돕는 부모 역할에 초점을 맞추고 있다. 지도자 유형으로서 부모유형을 이해하고, 한계 내에서 자녀에게 선택의 기회를 주는 방법, 자녀의 행동 이면에 있는 목적과 욕구를 이해하기, 생각하기-느끼기-행동하기 회로의 이해 및 격려하기를 통하여 자녀에게 용기와 자아존중감을 불어넣기, 정중한 요청과 나-전달법 및 논리적 결과를 이용해서 책임감을 가르치고 발전시키기, 의사소통을 통한 협동심 발전시키기 등이 주요 내용으로 포함되어 있다.

 ## 2. 아동학대 관련 법규 및 아동보호전문기관 연락처

아동복지법 제2조에서는 "보호자를 포함한 성인에 의하여 아동의 건강·복지를 해치거나 정상적인 발달을 저해할 수 있는 신체적·정신적·성적 폭력 또는 가혹행위 및 아동의 보호자에 의해 이루어지는 유기와 방임"을 아동학대로 규정하고 있으며, 18세 이하의 아동과 청소년이 이 법률에 포함되는 대상이다. 모든 교사는 아동학대가 의심되는 경우를 발견하면 아동보호전문기관에 신고하여야 하는 의무를 지닌다.

국번 없이 전화 129번이나 1577-1391을 이용하면 아동학대 신고가 바로 가능한데, 전화신고 시 중앙아동보호전문기관 및 전국 16개 시도에 산재되어 있는 지역아동보호전문기관 중 가장 가까운 기관으로 연결되어 신고가 접수된다. 신고자가 원한다면 신고자의 신분을 밝히지 않은 채로 필요한 사정 및 개입이 이루어질 수 있다.

전화신고 시 응급아동학대 의심사례와 아동학대 의심사례로 구분하여 조치가 이루어지는데, 현장조사 및 초기사정을 거쳐서 잠재위험사례, 아동학대사례, 일반사례로 분류된다. 잠재위험사례와 일반사례는 교육·예방·모니터링 등으로 조치가 이루어지며, 아동학대사례는 긴급격리보호가 필요한지 아닌지를 판단하여 긴급격리 혹은 원가정보호 상태에서 사정 및 사례판정을 한 다음, 고소·고발·격리보호·원가정보호·타기관 의뢰 등으로 이어지게 된다(http://www.korea1391.org).

3. 학부모용 체크리스트 및 양식들

🌱 스트레스 유발원인을 찾기 위한 체크리스트

(1) 활용방법 및 주의점

아동의 학업성취 또는 수업태도가 저하되거나 문제행동을 보이는 원인에는 여러 가지가 있지만, 아동이 생활 속에서 나름대로 스트레스를 받거나 힘든 일을 겪기 때문인 경우도 중요한 원인이 될 수 있다. 그러므로 최근 아동의 적응도가 낮아져 학부모상담을 하게 되는 경우에 교사는 학부모에게 그 원인이 될 만한 것이 있는지를 질문할 수 있다. 다음의 체크리스트는 학부모가 그 원인들을 점검하는 데 활용할 수 있다. 그러나 다음의 체크리스트를 학부모에게 적용해 보도록 제시하더라도, 아동의 문제행동이 반드시 가정에서 일어난 일로 발생한 것이라는 식의 암시는 하지 않도록 주의해야 한다.

(2) 체크리스트

다음 사항들 중 자녀가 최근에 경험한 적이 있는 것을 모두 표시하십시오.

___ 가족이나 가까운 친지의 죽음

___ 가족이나 가까운 친지의 갑작스러운 질병이나 사고

___ 가족의 만성적 질병

___ 부모의 말다툼이나 싸움

___ 부모의 별거나 이혼

___ 부모와 함께 보내는 시간이 줄어듦

___ 아동이 부모 없이 혼자서나 형제와만 보내는 시간이 많음

___ 신체적 학대

___ 정서적 학대

___ 성적 학대

___ 다른 지역사회로 이사

___ 주거환경이 열악해짐

___ 난폭하거나 노는 아이들과 어울림

___ 폭력적인 광경을 아동이 보게 됨

___ 가정의 경제적 상황 악화

___ 부모의 실직

___ 부모나 형제의 정신적 문제

___ 부모나 형제의 알코올중독이나 게임중독

___ 동생의 출생

___ 형제의 입시준비나 출가

___ 아동의 학습량이나 과외활동이 많이 늘어남

___ 기타(적어 주세요)

_____

_____

🎁 아동을 위한 강화제 점검표

(1) 활용방법 및 주의점

아동의 행동변화를 위해서 학부모상담을 할 때, 학부모가 아동을 위한 효과적인 강화제를 선정하여 적용할 수 있도록 교사가 도와야 하는 경우가 많다. 다음과 같은 강화제를 학부모에게 제공하여 자녀에게 적용한 적이 있는지, 적용하였다면 효과가 어떠하였는지, 기존에는 적용하지 않았지만 적용 가능성이 있다고 보이는 것이 있는지 등을 함께 살펴보면 도움이 될 것이다. 어떤 강화제이든 아동 개인에게 효과적인 것을 선정

하는 것이 중요하며, 물질적 강화제는 지나치게 사용하지 말도록 주의한다. 또한 아동에게 가장 좋은 강화는 부모가 자녀의 긍정적 변화를 진심으로 기뻐하고 자랑스러워하는 모습 자체임을 강조한다.

(2) 강화제 점검표

다음은 아동들이 흔히 좋아하는 강화제의 예입니다. 자녀가 특히 좋아할 것이라고 보이는 것을 찾아보시기 바랍니다.

- 외식하기(자녀가 특별히 좋아하는 메뉴는 무엇입니까? _____)
- 간식(자녀가 특별히 좋아하는 간식은 무엇입니까? _____)
- 음료(자녀가 특별히 좋아하는 음료는 무엇입니까? _____)
- 장난감
- 게임기
- 게임 CD
- 온라인게임이나 컴퓨터 사용 허용하기
- TV 보기
- 잠자리에 늦게 들도록 허용하기
- 잠자리에 일찍 들도록 허용하기
- 극장 가기
- 만화 보기
- 영화 DVD 빌려서 보기
- 노래방 가기
- 놀이공원 가기
- 운동경기 보러 가기

- 자녀가 선택한 활동을 부모와 함께 하기(자녀가 부모와 함께 하고 싶어하거나 즐겨하는 활동은 무엇입니까? _____, _____, _____
- 부모가 책 읽어 주기
- 부모가 껴안아 주거나 뽀뽀해 주기
- 자녀 몫의 집안일 면제해 주기
- 친구와 놀러 나가기
- 친구와 문자 주고받기
- 친구 집에 가서 자거나 친구를 집에 오게 하여 같이 자기
- 용돈 더 주기
- 옷이나 신발 사 주기
- 자녀가 좋아하는 강화제로 나중에 바꿀 수 있는 스티커
- 기타(적어 주세요)
  _____
  _____
  _____

참고문헌

김경희(1996). 효과적인 부모 역할 훈련(PET). 대학생활연구, 14. 한양대학교 학
　　생생활상담연구소.

김동일, 김계현, 김병석, 김봉환, 김창대, 김혜숙, 신종호(2002). 특수아동상담.
　　서울: 학지사.

김영숙, 윤여홍(2001). 교사와 부모를 위한 특수아상담의 이해. 파주: 교육과학사.

김재은, 김현옥(1997). 부모에게 약이 되는 프로그램 1: 우리 아이 이 담에 커서 뭐가
　　될까. 한국지역사회교육협의회.

김혜숙, 구본용, 김광웅, 김진숙, 문용린, 박재황, 이혜성, 정원식(1993). 바람
　　직한 자녀지도를 위한 부모교육 I: 자녀의 힘을 북돋우는 부모. 서울: 청소년대
　　화의광장.

김혜숙, 황매향(2008). 초등교사를 위한 문제행동 상담 길잡이. 파주: 교육과학사.

남상인(1994). 바람직한 자녀지도를 위한 부모교육 II: 자녀의 힘을 북돋우는 대화. 서
　　울: 청소년대화의광장.

양순옥, 정금희(1998). 부모에게 약이 되는 프로그램 6: 제대로 알면, 자녀의 성교육 문
　　제 없어요. 한국지역사회교육협의회.

장대운, 남상인, 오익수, 김혜숙, 금명자, 김진희(1999). 청소년부모상담과 교육.
　　한국청소년상담원.

홍경자, 김혜숙, 김광수, 유성경(2000). 청소년 가족·부모상담. 한국청소년상
　　담원.

홍경자, 노안영, 차영희, 최태산 공역(2007). 부모코칭 프로그램: 적극적인 부모 역

할, Now!–부모용 지침서–. Popkin, M. H. 저. 서울: 학지사.

홍경자, 차영희, 최태산, 채유경 공역(2009). 이혼·별거 가정의 부모 역할–부모용 지침서–. Boyan, S. B., & Termini, A. M. 저. 서울: 학지사.

Arnold, L. E. (1978). Strategies and tactics of parent guidance. In L. E. Arnold (Ed.), *Helping parents help their children.* NY: Brunner/ Mazel, Inc.

Coles, R. (1963). (Ed.). *The Erik Erikson reader.* NY: W. W. Norton & Company.

Erikson, E. H. (1963). *Childhood and society* (2nd ed.). New York: Norton.

Gordon, T., & Judith, G. S. (1970). *Parent Effectiveness Training.* NY: Peter H. Wyden.

Knapp, S. E. (2005). *Parenting skills homework planner.* Hoboken, NJ: John Wiley & Sons.

Popkin, M. H. (1989). Active parenting: A video–based program. In M. J. Fine (Ed.), *The second handbook on parent education: Contemporary perspectives.* San Diego, CA: Academic Press.

저자 소개

■ 김혜숙

미국 Stanford University, School of Education 상담심리전공(Ph.D.)
현 경인교육대학교 교육학과 교수

〈주요 저서〉
학교상담과 생활지도(2판, 공저, 학지사, 2009)
초등교사를 위한 문제행동 상담 길잡이(공저, 교육과학사, 2008)
특수아동상담(공저, 학지사, 2002)

■ 최동옥

한양대학교 대학원 교육학과 상담전공(교육학 박사)
현 경인교육대학교, 한양대학교, 강남대학교 강사

〈주요 논문〉
희망에서 주도요인과 경로요인의 기능: 성취 가능성과 우울/불안 관련
정서를 중심으로(2005)

교사를 위한
학부모상담 길잡이

2013년 4월 30일 1판 1쇄 발행
2020년 2월 20일 1판 4쇄 발행

지은이 • 김혜숙 · 최동옥
펴낸이 • 김 진 환
펴낸곳 • (주) **학지사**

　　04031 서울특별시 마포구 양화로 15길 20 마인드월드빌딩 5층

대표전화 • 02) 330-5114　　팩스 • 02) 324-2345

등록번호 • 제313-2006-000265호

홈페이지 • http://www.hakjisa.co.kr
페이스북 • https://www.facebook.com/hakjisabook

ISBN 978-89-997-0125-2 93370

정가 **13,000**원

이 도서의 국립중앙도서관 출판시도서목록(CIP)은 서지정보유통지원시스템
홈페이지(http://seoji.nl.go.kr)와 국가자료공동목록시스템(http://www.nl.go.kr/kolisnet)
에서 이용하실 수 있습니다.
(CIP제어번호: CIP2014003924)

출판 · 교육 · 미디어기업 **학지사**

간호보건의학출판 **학지사메디컬** www.hakjisamd.co.kr
심리검사연구소 **인싸이트** www.inpsyt.co.kr
학술논문서비스 **뉴논문** www.newnonmun.com
원격교육연수원 **카운피아** www.counpia.com